道歉的五种语言

The Five Languages of Apology

［美］盖瑞·查普曼（Gary Chapman）
詹妮弗·托马斯(Jennifer Thomas) 著
吕海霞 译

CFP 中国电影出版社

图书在版编目（CIP）数据

道歉的五种语言／（美）查普曼，（美）托马斯著；吕海霞译. 北京：中国电影出版社，2007.8

ISBN 978-7-106-02822-0

Ⅰ．道··· Ⅱ．①查···②托···③吕··· Ⅲ．言语交往–语言艺术–通俗读物 Ⅳ. H019-49

中国版本图书馆 CIP 数据核字（2007）第 120038 号

Originally published in the U.S.A. under the title

The Five Languages of Apology

Copyright © 2006 by Gary Chapman and Jennifer Thomas

Published by Northfield Publishing

820 N. LaSalle Blvd. Chicago, IL 60610

原著作由美国出版

道歉的五种语言

著作权 © 2006 由盖瑞·查普曼和詹妮弗·托马斯所有

由 Northfield 出版社出版

820 N. LaSalle Blvd.芝加哥，IL 60610

图字：01–2007–3958 号

选题策划：ZDLBOOKS　　　　　　封面设计：门乃婷工作室
责任编辑：曹　茜　刘爱国　　　　责任校对：找到啦
版式设计：刘爱国　　　　　　　　责任印制：卢晓波

道歉的五种语言

[美]盖瑞·查普曼 詹妮弗·托马斯 著　　吕海霞 译

出版发行　中国电影出版社（北京北三环东路 22 号）邮编 100013
　　　　　电话 64296657（总编室）64216278（发行部）
　　　　　64296742（读者服务部）

经　　销　新华书店
印　　刷　北京东海印刷有限公司
版　　次　2007 年 9 月第 1 版 2007 年 9 月北京第 1 次印刷
规　　格　开本 /960 × 640 毫米 1/16
　　　　　印张 /17　字数 /220 千字

书　　号　ISBN 978-7-106-02822-0/H·0007
定　　价　26.00 元

献给卡罗琳

在我们四十年的婚姻生活里，她多次接受我的道歉并予以谅解

献给 J. T.

作为我的丈夫和支持者

他始终分享我的梦想，并助我梦想成真

亚马逊读者倾情推荐（五星级）

便捷、有益的帮助

布伦达·尼克松（Brenda Nixon）

因为我已经读过查普曼的《儿童爱之语》(*The Five Love Languages of Children*)，所以我相信《道歉的五种语言》会和那本书一样精辟、深刻。每个人都需要一些关于如何增进关系的建议。本书的两位作者提供了各种各样的案例、故事和问题，但并没有因此给人以高高在上的感觉。我个人觉得，书中第五章末尾"真诚悔改的话应当怎么说"这部分内容很实用，而第十四章"向自己道歉"的内容也很发人深省。作者同时还强调，道歉和原谅同样都是一种选择。

两位作者认为，人们应该在童年时代就学习"道歉的艺术"。必要的时候，父母应该向孩子道歉，以此表明为自己的行为承担责任。因为父母是孩子第一位老师，也是最有影响的老师，所以更要以身作则。同时，道歉不是软弱的标志，而是成熟和负责的象征。

在第十五章里，两位作者做了这样的结语："当道歉成为一种生活方式的时候……借助于药物或酒精来逃避破裂的关系以及风餐露宿于城市街头的人也将会越来越少。"

愿此书能出现在你的书架上、书桌上。对于日常生活中所遇到的各种人际关系挑战，它无疑能为你提供便捷、有益的帮助。

人人"必读"的书

艾米丽（Emilye）

人人都应该读这本书。我有这样的切身经历：有时，我觉得自己已经充分地道过歉了，对方也表示接受我的道歉，但我们的关系却没有真正得以恢复。现在我明白了，原因极有可能是我没有使用最能"说服"对方的道歉语言。说真的，这本书应该成为我们所有人的"必读"书！

康复之旅
M. E. 舍尔斯（M. E. Shores）

拿到《道歉的五种语言》这本书后，我做的第一件事就是做书后附录的"道歉问卷"。我是以一种轻松、愉快的心情开始的，就像做女性杂志后边的问卷一样。但是，第一个问题就把我卡住了：配偶应该如何为忘记结婚周年纪念日而道歉？这可一下子问到要害上了。我感到这会是一本很严肃的书，也会引起很多共鸣。我丈夫最近打算在我们结婚周年纪念的时候送我一件礼物作为庆祝，但是他还没来得及送，礼物就从他车里被偷走了，他对此也没再说什么或做什么。尽管我知道不能怪丈夫，但是我需要有一个人来承担责任，而偏偏找不出这样的人，因此，这件本来可以解决的事就一直横在我们俩之间。读着书上的问题，我从难过到生气，最后意识到几乎没有人向我道过歉，更不用说花时间琢磨我的道歉语言是什么了！很明显，我偏爱的道歉语言是承认过错，因为在问题家庭里长大的人常常渴望别人承认他们所做错的事情，而这种情况极少发生，所有真正的交流都因此被扭曲了。本书中查普曼和托马斯的话令我倍感安慰：刚开始我感到孤独、被排斥，因为没有人向我道过歉；之后，随着对本书内容的理解不断加深，我经历了医治和痊愈的过程。同时，我对在电影里看到的以及我与朋友关系中的道歉也有了更多的认识。我确信，如果我们能做到心甘情愿地向别人道歉——即使刚开始的时候做得会很勉强——那么，我们爱的能力一定会大大加强。

致　谢

　　首先，我们想向那些认真填写调查问卷，以及进一步接受我们关于道歉主题访谈的上百对夫妻表示感谢，否则就太对不起他们了。如果没有他们的帮助，这本书就不可能问世。他们有的坦陈自己在道歉和原谅方面的失败；有的分享自己如何学会道歉的艺术，以及因和解而满心喜乐的心路历程。这些夫妻的肺腑之言丰富了本书的内容。

　　其次，我们还想感谢那些来找我们做咨询辅导的夫妻和个人。他们因为不懂如何道歉而来寻求帮助。我们从他们的故事中了解到被拒绝的痛苦，同时也为他们的改变和收获而心存喜悦：他们中的一些人学会了表达歉意，也学会了接受别人的道歉，并因此打开了通往原谅与和解的大门。由于涉及隐私，我们更改了主人公的姓名以及某些细节，但是他们的故事的确为本书增色不少。

　　这里特别感谢特里西娅·库巴（Tricia Kube），她不但负责手稿的录入工作，而且给了我们极大的鼓励；特别感谢香农·沃登（Shannon Warden），她设计了本书末尾的"道歉问卷"，并在收集、整理和研究问卷方面给了我们很多帮助；特别感谢技术指导凯·泰特姆（Kay Tatum），使我们的手稿达到出版的要求。

　　同时，我们还要感谢格雷格·桑顿（Greg Thornton）及穆迪出版社（Moody Publisher）的优秀工作团队。他们不仅出色地编辑了本书，而且在本书的研究和撰写过程中给予我们极大鼓励。

　　最后，我们还要向各自的配偶卡罗琳（Karolyn）和 J.T. 致谢。特将本书献给他们。没有他们的爱和支持，我们俩谁都不可能有足够的热情和精力来完成这个项目。谨以本书向他们的无私精神表示敬意。

盖瑞·查普曼
詹妮弗·托马斯

导　言

　　一个星期六的早上，我在斯波坎举办婚姻研讨会。会议还差几分钟就要开始的时候，吉恩走上前来做自我介绍。

　　"查普曼博士，我和丈夫从加利福尼亚开车赶过来。很高兴能参加这个研讨会，我有个问题想请教您：您这次要讲的是道歉的重要性吗？"

　　"是的，那是个很有趣的话题。"我回答道，"你为什么这样问呢？"

　　"是这样的，我丈夫每次道歉时只是说一句'对不起'。可在我看来，那不是道歉。"

　　"那你希望他怎么说，又怎么做呢？"

　　"我希望他认错并请求我的原谅，还要向我保证以后不会再发生这样的事。"

　　我笑着说道："我很高兴你和我分享这件事，因为目前我正在做一项关于道歉的研究。"

　　"真的吗？"吉恩眼睛里流露出浓厚的兴趣。

　　"真的。我认为，人们对于什么是道歉看法不尽相同。你刚才其实已经阐释了你认为的道歉这个概念。也许在你丈夫看来，说'对不起'是很诚恳的道歉，但显然那不是你对道歉的理解。"

　　"确实如此。我觉得道歉不应该仅仅是一句'对不起'，我甚至连他为什么而道歉都不知道。"

　　"今天晚些时候，我会发放一些调查问卷。真诚希望你们夫妇也能填一份。我想了解一下夫妻双方对道歉有不同理解这一现象有多么普遍，你们的意见对我会有很大帮助。"

　　这次谈话更加坚定了我把这项研究做下去的决心。我想起一年半以前，有一天，詹妮弗·托马斯博士（Jennifer Thomas）来到我的办公室,与我分享了她对男人和女人的道歉语言的看法。她说:"我读过您那本《爱的五种语言》(*The Five Languages of Love*)。我和丈夫都觉得那本书对我们的夫妻关系很有帮助。"接着,她补充说,她还运用书中的理念为其他夫妇做过咨询呢。

"我们每个人都有一种主要的爱之语,如果对方不使用这种语言,我们就感觉不到被爱——这个观点令那些来我这里咨询的人耳目一新。他们开始学习说对方认可的爱语,婚姻状况也因此得以改善。这对于帮助夫妻学习如何获得情感上的纽带非常实用,正如您在书中所说的,它能使对方的爱箱总是满满的。"

我很喜欢詹妮弗的称赞,因为我的主要爱语是肯定的言词。然而,她接下来的话却出乎我的预料。

"我认为,人们道歉的方式也不一样,而且人们对于何为真诚道歉的看法也不尽相同。事实上,人们有不同的道歉语言。

"在咨询过程中,我经常会遇到这种现象。丈夫或妻子说:'他(她)要是能道歉就好了。'而另一方却说:'我道过歉了啊。''你没有,'对方又说,'你从来没承认过你错了。'由此,他们开始争论什么方式才算是道歉。显然,他们对此有不同的理解。"

这个想法立即引起了我的兴趣。我想起在我这儿做咨询的许多夫妻也有类似的表现。很显然,他们之间没能"连上线"。许多人自以为道歉了,却并未达到自己所预想的宽恕与和解的效果。我又联想到自己婚姻中的情形:有时卡罗琳道歉了,但是我觉得她的道歉很无力;有时我道歉了,她却依然不原谅我,因为她觉得我没有诚意。

于是我对詹妮弗说:"我认为你的发现很重要。你的观点无疑切合我的经历。接下来你打算怎么做?"

"我想写篇文章,不知道您可否帮我发表?"

"当然可以。你先把文章写好,发给我一份副本,然后我们再进一步研究怎么办,好吗?"

在接下来的一周里,詹妮弗对于道歉语言的观点不断在我脑中重现。其实，我恰巧在那一周遇到了这样一对夫妇，对于丈夫是否真正道过歉这一问题两人存在分歧。妻子很难原谅丈夫，因为她认为他并没有道过歉；丈夫却坚持说自己已经道歉了。一周后，我打电话给詹妮弗，对她说："我一直在考虑你的观点，觉得它应该不仅能写成一篇文章，我们俩还可以以道歉为课题做些调研，或许可以就此共同写本书。你意下如何？"我们一拍即合。我知道，她的这个观点可能会极大地帮助夫妻达成宽恕与和解。

经过诸多的调研，两年后，我们写成了这本《道歉的五种语言》。我们的调研清楚地揭示出，人们在道歉时确实使用不同的语言。这就是为什么往往一方在真诚地道歉，而另一方并不以为然，所以难以达成宽恕与和解。作为专业的心理治疗师，我们观察到：人们非常缺乏有说服力的道歉。我们认为，这种情况可能是造成目前极为普遍的婚姻破裂的一个主要原因。虽然，现在已有一些很好的关于道歉的资料，但就我所知，在满足不同读者的道歉需求、使用不同的道歉语言方面，本书还是首例尝试。

詹妮弗和我对本书中需要使用的调研数据一起进行了收集和分析。为了保持内容的清晰和连续，我们决定由我（盖瑞）来负责这本书的写作工作，由詹妮弗负责对相关概念举出例证，这些例子均来源于我们的调研和詹妮弗作为专业咨询师的亲身经历。文中凡詹妮弗所创作的部分均会明确标注出来。我们期望，您在读这本书时，会听到两颗不同的心灵发出的同一个声音：我们相信，这本书必会大大改善您的各种人际关系。

在这本书的前半部分里，我们会一一列出道歉的五种语言并加以描述。后半部分将阐述这一概念如何能够改善婚姻、家庭、恋爱、亲子教育及工作等各种关系。

本书最后一章可能让一些人觉得空洞，但我们相信，它意义深远：如果每个人都学会有效的道歉，世界将会是什么样子？

目　录

道歉的五种语言
The Five Languages *of* Apology

第一章

为何需要道歉

道歉的五种语言

表达歉意——说"对不起！"

承认过错——说"我错了！"

弥补过失——拿出行动！

真诚悔改——说"我不会再那样了！"

请求饶恕——说"请原谅！"

　　在完美的世界里，人们不需要道歉。可现实世界并不完美，所以我们不能没有道歉。我的科研领域是人类学，即人类文化研究。人类学的一个定论是所有人都有道德观：有些事是对的，而有些事是错的。人类天生就有道德感。这在心理学上通常被称为良知。

　　在人类社会中，良知对人类行为的是非判断标准，会受到不同文化背景的影响。例如，在爱斯基摩（或因纽特）文化里，如果一个人在旅行时把食物都吃光了，他完全可以进入一个没有人的冰屋，随便吃屋里的一切食物。而在大多数的西方文化里，进入一座没有人的住宅会被认为是"破门而入"——这是一种该受惩罚的犯罪行为。尽管在不同的文化中有不同的是非标准，有时即使在同一文化里标准也不尽相同，但是所有人都具有是非观。

　　当正义感受到侵犯的时候，人们就会体验到愤怒。他（她）会觉得被冒犯了，并憎恨那个辜负了他们的信任的人。这种不公正行为就成了挡在两个人之间的障碍，导致关系破裂。这时，即使内心希望这样的事情没有发生过，但他们无论如何也不可能像没有发生时那样生活；因为被侵犯者的内心会呼唤公正。以上这些人类社会的客观现实奠定了一切司法体系的基础。

呼求和解

　　公正可能会给被冒犯者带来满足感，但它通常无法恢复关系。如果一个偷窃公司财物的雇员被抓到、受审并处以罚款或监禁，尽管人人都认为"正义得以伸张",公司也不大可能将他恢复原职。然而,如果这名员工虽然偷窃了公司财物,但很快知错,向上级做了检讨,表示诚心悔过,还提出要赔偿所有损失并请求宽恕,那么他就仍有可能被允许继续留任。

人类具有惊人的宽恕能力。许多年前我曾游览英格兰的考文垂市,当脚步停在一座"二战"中被纳粹炸毁的大教堂的废墟前时,导游指着废墟旁边的那座新教堂,给我们讲述了它的来历。战后的几年里,一群德国人帮助建造了这座新教堂,作为对同胞的破坏行径的一种悔罪。那时,大家一致同意保留旧教堂的废墟,让它躺在新教堂的阴影之下。这两座建筑都具有象征意义:一个代表着人类的不人道行为,而另一个则是宽恕与和解的见证。

当不良行为造成关系破裂时,我们的内心会呼求和解。对和解的渴望往往比对公正的渴望更强烈。关系越亲密,对和解的渴求就越深切。当受到丈夫的不公对待时,受伤和愤怒的妻子在渴望公正和给予宽恕之间挣扎。一方面,她希望丈夫为自己的恶行付出代价;另一方面,她希望与他和好。而丈夫的真诚道歉才会使真正的和解成为可能。如果他不道歉,道德感将促使妻子去寻求公正。多年来,我曾多次亲眼目睹离婚诉讼,看着法官如何公正地裁决。我常常会想,真诚的道歉是否可以改变这个不幸的结果呢?

因为少了一个道歉……

我曾凝视青少年眼中的愤怒,思索着,要是施虐的父亲肯道歉,生活会是何等的不同。父母的暴行带给青少年两种感受:第一,他们已感到遭受父母的不公对待,但父母却从未与他们和解。第二,他们感到父母不爱他们。在早前出版的《青少年爱的五种语言》(*The Five Love Languages of Teenagers*)里,我论述了"如何有效地爱青少年";而在这本书里，我们将会探讨"如何有效地向青少年道歉"。

道歉的必要性贯穿于所有的人类关系中。婚姻、育儿、恋爱和工作都需要道歉。没有道歉，愤怒就会积聚，并会促使我们寻求公正。如同我们看到的，当公正不能唾手可得时，我们经常会选择私下处理，对冒犯我们的人进行报复。愤怒因此而升级并可能以暴力收场。走进旧雇主的办公室枪杀老上司和三名同事的人，并不一定是真正的精神失常者。这一点可以从邻居们对行凶者的异常举动感到震惊这一事实中得到印证。因为他看起来"似乎很正常"。

其实，他是一个被不公正感煎熬着的人，而且已经到了那种只有通过杀戮报复才能伸张正义的程度。如果他勇于以爱心相待，其他人也勇于道歉的话，事情可能就会是另一种结果。

在婚姻里，家庭战争的根源常常在于不愿意道歉。妻子说："他根本不拿我当回事儿，只想和我上床。他怎么能那样！"丈夫则答道："她把我当成3岁小孩儿，处处想控制我。我娶她可不是为了再给自己找个妈。"于是，两人都受到伤害，感到愤怒和挫败，但谁都不愿意道歉，于是就开战。这场战争有时会持续数年，并常以离婚或死亡而告终。相反，健康婚姻中的夫妻总是愿意道歉的。

40 升的容器

道歉就是要为我们的行为负责，并对被冒犯者做出补偿。真正的道歉能够实现宽恕与和解，继续发展双方之间的关系；没有道歉，冒犯横在中间，损毁了双方的关系。乐于道歉、宽恕与和解，常常是良好关系的标志。很多关系冷漠而又疏远，就是因为我们拒不道歉的结果。

真正的道歉也会减轻内疚感。良知如同绑在背上的 40 升的容器，你每冒犯别人一次，就如同往背后良知的桶里加进 8 升的液体。四五次之后，容器就会被填满，你也会变得越来越吃力。沉重的良知负担让人充满内疚和羞愧感。倒空这一负担唯一有效的方法，就是向你所冒犯的人道歉。只有这样，你才能够正视镜中的自我、正视他人的眼神。但这并不是因为你变得完美了，而是因为你愿意为自己的过错承担责任。

小的时候，我们可能学过道歉的艺术，也可能没学过。在健康的家庭里，父母会教导孩子进行道歉。然而，很多孩子在不健康的家庭中长大，家里充满了伤害、愤怒和痛苦，并且从来没有人道过歉。

道歉可以学习吗

值得庆幸的是，道歉的艺术是可以学习的。通过研究，我们发现道歉包含五个最主要的方面，我们称其为道歉的五种语言。每一种语言都很重要，但就个人而言，其中的一两种语言在沟通中也许会比其他的更有效。良好关系的关键是学习并愿意说对方能接受的道歉语言。因为说出对方偏爱的主要道歉语言，会使他们更容易真正地宽恕你。反之，宽恕起来就相对困难，因为他们不确定你是否在真正道歉。

了解和使用道歉的五种语言会大大改善我们的所有关系。

在接下来的五章里，我们将对这五种语言逐一加以说明。第七章将教你如何发现自己和对方的主要道歉语言，以及这一发现如何使你的道歉最有效。本书将主要着眼于道歉、宽恕及在所有关系中使用道歉语言的一些挑战。

20 世纪 70 年代的一部流行电影《爱情故事》（*Love Story*）中有这样一句名言："爱意味着永远用不着说'对不起'。"其实恰恰相反，爱常常意味着说"对不起"，真爱包含着冒犯者的道歉和被冒犯者的宽恕。这是修复破裂关系，建造充满爱的关系的有效途径。这一切均始于在冒犯他人之后，学会如何使用正确的道歉语言。

道歉的五种语言
The Five Languages of Apology

第二章
道歉语言之一：表达歉意

道歉的五种语言

表达歉意——说"对不起！"

承认过错——说"我错了！"

弥补过失——拿出行动！

真诚悔改——说"我不会再那样了！"

请求饶恕——说"请原谅！"

　　大多数人希望道歉是真诚的。但是，该如何判断一个人的道歉是否真诚呢？问题就出在这儿。何为真诚的理解是因人而异的。一个人认为是真诚的，另一个人可能会不以为然。

　　在第一章中，我们曾指出存在五种不同的道歉语言。大多数人使用其中的一两种语言就能更有效地表达诚意，而不必把五种语言全都用上。只要对方认为你的道歉是出自真心的，就很可能会接受。

　　道歉的第一种语言是表达歉意。最常见的说法是"对不起"。表达歉意是道歉的情感层面，向被冒犯者表达你因自己的行为深深地伤害了他而内疚、羞愧和痛苦。有趣的是，罗伯特·福尔格姆（Robert Fulghum）在他的《生命中不可错过的智慧》（*All I Really Need to Know I Learned in Kindergarten*）一书中，把"伤害别人时要说'对不起'"列为他学到的一条最重要的道理。因为，表达歉意是良好关系的基石。

　　道歉始于怀有歉疚之意。我们为给别人造成的痛苦、失望、不便感到后悔，要为自己的行为、自己的无能为力和对他人造成的影响道歉。被冒犯的人正在经受情感上的折磨，他们希望你多少能感受到他们的痛苦。他们想看到一丝诚意，表明你已经意识到自己给他们带来的伤害有多深。对一些人来说，这一点正是他们想听到的。如果不将歉意表达出来，他们就不会觉得你的道歉足够充分、满有诚意。

说出魔力之言

　　一句简单的"对不起"对修复友好关系起着极大的作用。如果不说"对不起",一些人会非常不舒服。冒犯他人的人经常意识不到他们道歉时遗漏了一些"魔力之言",但我向你保证,那些倾听者正默默地期待着那句被冒犯者遗漏的话。

让我(詹妮弗)和大家分享一段自己的经历。去年春天,我和一些妇女因每人领导了一个成长小组而被授予年终奖。我从一个销售顾问的目录里选订了奖品,然后就热切地盼望着这份奖品的到来。可是春去秋来,我的礼品迟迟未到。于是我开始琢磨,我订的东西呢?到了年底还是没有等到我的包裹,我觉得自己订的东西不会来了。不过,我觉得不值得为这事儿追究谁的责任,并劝自己,反正我很喜欢带领那个小组,还用"来得容易去得快"这句话来安慰自己并忘记此事。

第二年春天我收到了那个顾问的电话留言,你能想象出当时我多么吃惊吗?她说她在清理邮箱的时候发现了我的订单!她会安排把东西寄给我。能够失而复得确实让我感到惊喜,但是自己总觉得有什么地方不大对劲儿。我重放了她的电话留言,证实了自己的猜测:她没说"我为自己的错误感到抱歉"之类的话。而我很想听到她的道歉。

这件事我认真思索了很长时间才把它写了下来,想知道自己是不是也经常这样做。我是不是虽然纠正了错误,却没有承担责任或表达歉意?"对不起"这句魔力之言会让我的感觉迥然不同。

很多人都会认同詹妮弗的经历。凯伦住在明尼苏达州的德卢斯。她和吉姆结婚已经27年了。当我(盖瑞)问她:"当吉姆错怪了你的时候,你希望得到什么样的道歉呢?"她立即答道:"最重要的是,我希望

他明白自己是如何和为什么伤害了我，希望他能从我的角度来看问题，希望听到他说：'我道歉。真的很对不起。'

"如果他能解释一下他的行为如何伤害到我，会比较好。因为这样我就知道他是真的理解我了。如果事情很严重，我感到极度痛苦，那么我希望他能为对我造成的痛苦真心感到难过。"

"你说的'很严重'的事情是什么？"

"比如说，有一次他带办公室里的一个女孩去吃午饭，却没告诉我。后来我从一个朋友那儿听说这事，真的很受伤害。我想，如果他试着为自己辩解，我可能永远都不会原谅他。因为我丈夫不是那种随便带其他女人出去吃午饭的人。我知道他一定对她有好感，否则他不会那么做。他承认事实就像我说的那样，并告诉我他很抱歉。他说他知道我永远不会和其他的男人出去吃饭，如果我那样做，他会很受伤害。他为自己的所作所为感到后悔，真希望那样的事情没有发生过。看到他眼中涌出了泪水，我知道他是真心道歉。"

对于凯伦米说，道歉的核心是真诚地表达歉意。

你的身体怎么说

为了让被冒犯的人感受到我们的真诚，我们的身体语言和表达歉意的语言和谐一致非常关键。凯伦提到，泪水说明了吉姆的真诚。另一个做妻子的这样说道："我知道我丈夫什么时候对他所做的事情真正感到抱歉：他变得很安静、害羞；道歉的声音很轻柔；还低着头。这表明他真的很难过。于是我知道他的道歉是真诚的。"

罗伯特和卡蒂结婚已经 7 年了。我问他："你怎么知道卡蒂的道歉是否真诚？"他回答说："看她的眼神。如果她看着我的眼睛说'对不起'，我就知道她是真诚的。如果她说'对不起'的时候目光游移不定，我就知道她是在敷衍。道歉后的一个拥抱或者亲吻也能让我感到她是真诚的。"

罗伯特其实说出了这样一个事实：有时候我们的身体语言比说出来的话更可信。这一点在双方对峙的时候特别明显。例如，一位妻子说："当他咆哮着对我说'我道歉了'，眼里却喷着怒火，双手颤抖的时候，他更像在强迫我原谅他。在我看来，他更想马上掀过这一页，而不是在真正地道歉。好像我受到的伤害根本无关紧要，他只想快点继续过日子。"

因何而道歉

内容充分的道歉更有影响力。卢安正是这么想的。她说："我希望道歉的人说出为什么道歉以及道歉的具体内容。"具体说出冒犯的行为和对被冒犯者的影响，可以使被冒犯者明白，道歉者真正理解自己给他（她）造成了多大的伤害。

而且道歉者表达得越具体越好。如果我（詹妮弗）爽约没去看电影，我不会只说一句："对不起，我没能去看电影。"当我详细列出自己的行为对她的种种影响，这个道歉对她会更有意义。"我知道你放下手里的事，准时从家里出来。在交通高峰期一路赶过来，还要等在那儿担心我的安全。我知道你想把片子看全，但为了等我，你错过了开头的部分。我的疏忽让你没法好好欣赏那部电影。我能想象如果朋友这样对我，我会有多难过，所以你有理由生气、失望、沮丧和受伤。我只是想让你知道，我真的为自己的不负责行为感到抱歉。"

如此表达，表明你已深刻认识到自己给对方造成的不便。

道歉莫要画蛇添足

真诚的道歉不能找借口，在道歉之后马上又来个"但是……"，而应该另找时机进行沟通。罗德尼和第二个妻子结婚已经 3 年了，他说："我知道什么时候妻子的道歉是真诚的。她会说'对不起，我知道冲你大喊大叫伤害了你'，而且不会接下来指责是我先惹她生气的。我前妻却总是把所有的事情都怪在我头上。"

许多接受我们调研的人都说过类似的话："她先是道歉，然后开始责怪我，说我先惹火了她。这种责备让她的道歉显得很不真诚。"

布伦达还清楚地记得她丈夫的一次不成功的道歉。那是在他们参加我的婚姻研讨会的前一天晚上，她丈夫把她留在家里照看 4 个孩子，自己去参加一个同事 50 岁生日的聚会。因为丈夫通常上的是从晚上 10 点到第二天早上 6 点的夜班，所以布伦达特别期盼晚上一家人团聚的宝贵时光。

布伦达回忆说："他不顾我的气愤还是去了，并说一个小时以后回来。结果两个半小时之后，我们都已经睡下了，他才回来。他道了歉，但随后辩解说我像孩子一样无理取闹，而且他有权利外出。

"所以，无论他说什么道歉的话都没用了，因为他其实是在责备我。我曾祷告等他回来以后自己的态度要好点儿。但我一肚子气，祷告也不管用了。"

一旦我们在口头上把责任推卸给对方，道歉就变成了攻击。而攻击永远不会带来宽恕与和解。

乔安妮是一个 27 岁的单身女子，有一个认真谈了 3 年的男朋友。她说："我认为，不管什么时候，要是道歉之后又为冒犯行为找借口，那么原先的道歉就被一笔勾销了，不管你是有意还是无意。只要坦白承认你伤害了我或者没能达到我的期望就可以了。要道歉就专门道歉，别道完歉又为自己的错误找借口。"

艾里斯和玛丽是两姐妹，她们之间常常闹矛盾。两个人都想搞好关系，但是都不知道怎么办才好。我问玛丽："艾里斯发完脾气后会道歉吗？"她点头说："是。"

"她每次都会道歉，但最后总会加上一句'我只是希望你不要再贬低我。我知道我没你有学问,但是你也不能因此就不把我当回事儿'。你说这算什么道歉啊? 她反倒把所有责任都推到我身上了。

"我觉得她的自尊心一定挣扎得很厉害。但无论如何,她的道歉更像是对我的攻击。"

道歉不是操纵对方的工具

表达歉意不是为了操纵对方,迫使其做出相同的回应。道格和南茜约会已经两年了,现在两人的关系正面临一些问题。南茜说:"道格有时会说'对不起',但随后他期望我也对他说'对不起'。是他引起争吵,所以我觉得自己没有必要向他道歉。这种事我做不来。我希望他在说'对不起'的同时别指望我有什么回报。这才说明他是真的感到抱歉。"

有时我们没有意识到自己无意间伤害了别人。即便如此,也要表达歉意,良好的关系正是在这样的基础上培养起来的。在出电梯的时候撞到了人,我会说"对不起"。我道歉不是因为有意撞了他,而是因为我知道自己的无意行为让他感到不便或恼火。在亲密的关系中也是同样的道理。当你意识到自己无意间令配偶感到不安,可以跟对方说:"很抱歉我的做法让你这么难受。我不是有意要伤害你。"

道歉时应该具体谈论自己的行为,并对给对方造成的伤害表示理解。仅仅为了不让对方继续纠缠自己而道歉并不是真诚的道歉。琳达就有这样的感受。她说:"刚结婚的时候,我丈夫做了件极具破坏性的事情,但他坚决拒绝道歉,也不悔改。最后他虽然说了'对不起',但那只是为了摆脱我的敷衍之词。其实行动比语言更能说明问题。他的做法实际上是在说:'别再谈这事了,我想摆脱这个话题。'他根本意识不到他的所作所为是错的,并深深地伤害了我。"

"希望你能原谅我"

写道歉信有助于加强你的诚意。把你的歉意写出来能增加其中的情感分量，因为你的配偶或朋友可以反复阅读。写信的过程也会帮助你理清自己的头绪，并以积极的方式将歉意表达出来。我（詹妮弗）的一位客户同意分享丈夫写给她的一封道歉信。

亲爱的奥利维亚：

我想向你道歉，因为我今天晚上回家迟了，并且在我知道会晚回家时没能尽快通知你。我知道一整天你要照顾所有的孩子，一定很难熬。我特别希望能回来帮你一把，或者至少能够准时回家替换你。你下午4点45分给我发来救助短信，希望我准时回家，但我晚上6点半才收到，当时我的心都碎了。我真不愿去想你从4点多开始就一直竖着耳朵等我回来的样子。我十分后悔没能向老板坚持要求按时下班，逼得你今天受累又生气，我真的感到很抱歉。我会努力做到更值得你信赖。对不起，希望你能原谅我。

悔悟的、爱你的丈夫

吉姆

奥利维亚在信的底部标注："于2005年1月20日被原谅"。显然，奥利维亚接受了吉姆的道歉。因为她感到了吉姆的真诚，所以愿意原谅他。

对有些人来说，最有力的道歉语言是真诚地表达出歉意。只有这样，才能使他们相信你的道歉是真诚的；否则，他们即使听到你道歉的话，也觉得空洞。这些人愿意听的是真诚的道歉。听到这样的话，他们会愿意完全宽恕；否则，要他们饶恕人会很难。

第一种道歉语言的力量

请看下面这些人如何评价第一种道歉语言——表达歉意。

我丈夫曾当着朋友的面说我太胖，吃得太多。这让我很受伤害。那天晚上，他说他意识到当时的场面令我很尴尬，并为自己那些伤人的话所造成的局面感到抱歉。我原谅了他，因为我觉得他是真心道歉。

——玛丽莲，53 岁，与第二任丈夫结婚 11 年

我希望道歉是发自内心的，是为伤害到我的行为真正感到抱歉。换句话说，我希望他们会因使我难过而难过。

——维姬，26 岁，单身

有一天晚上他回来晚了，因为令我失望向我道了歉。我告诉他没关系，我可以理解。但是他继续说他还是不想让我失望，这让我感觉真的很好。

——卡蒂娜，28 岁，结婚两年

当她真正表达了悔改，说她理解我的感受，看上去像是为伤害我表示歉意，这就是真正的道歉。

——特德，40 岁，结婚 20 年

我想在道歉中看到真正的懊悔。我想看到他们为所言所行感到内疚，并真正感到抱歉。

——鲍勃，34 岁，单身

对于以上几个人和很多其他人来说，表达歉意的道歉语言在医治心灵创伤和修复关系的过程中是至关重要的。如果想要这些人感受到你的诚意，你就必须学会这些表达歉意的语言。这种语言的核心在于你认识到了你的行为给对方造成的痛苦。这种语言能够向对方传递这样的信息：你知道自己的行为伤害了他们，并且为此感到很痛苦。正是因为你体认到了他们的痛苦，他们才愿意宽恕你。

如果你愿意表达歉意，下边这些说法会对你有所帮助。

表达歉意的话应当怎么说

- 我现在才知道已经深深地伤害了你，这让我感到无比痛苦。我为自己的行为真心地道歉。
- 我真的很难过，让你失望了。我本来应该更细心一些。很抱歉让你这么痛苦。
- 我当时显然没有认真考虑你的感受。我从来没打算要伤害你，但现在我知道我的话太过火了。很抱歉我当时那么不礼貌。
- 我很抱歉辜负了你的信任。这给我们之间的关系蒙上了阴影，现在我想驱除它。我知道即使我道了歉，你可能也要花一段时间才能重新信任我。
- 我们向您承诺提供此项服务，但没能做到。我们公司这次显然把事情办砸了，对此我非常抱歉。

道歉的五种语言
The Five Languages of Apology

第三章
道歉语言之二：承认过错

道歉的五种语言

表达歉意——说"对不起！"

承认过错——说"我错了！"

弥补过失——拿出行动！

真诚悔改——说"我不会再那样了！"

请求饶恕——说"请原谅！"

拉里是一位公司老板，通常表现得沉稳镇静，但是有一天他再也耐不住性子，非常严厉地训斥了一名员工。拉里说的都是事实，那名员工也确实需要教训，但拉里带着怒气训斥了他，而且用词尖刻。事后，他觉得那样做不太好，不过转念一想，又安慰自己：我说的都是事实，那家伙的工作确实需要改进。他得知道我可不是容易对付的。

简总是记不住约定，尤其是安排在周末的约定，因为通常周末时她都不会查看日程表。这次的社区规划会议又是开了一半她才赶到。她的脑海里闪过一堆弄错会议时间的理由，第一个就是她刚刚做了一次跨国旅行回来，所以自己连当天是哪一天都搞不清楚，更不用说具体的时间了。然而，参加会议的人都觉得她应该为又一次迟到道歉。

杨·肖恩正在接受一项痛苦的治疗。妈妈为了让他感觉舒服一些，一直陪在他身边，还坚持让他吃止痛药。不幸的是，肖恩恶狠狠地把可怜的妈妈撵走了。他知道自己的做法很无情，也缺少尊重，但是他的自我安慰是：药物可以让任何人变得不理智，所以妈妈会理解我的。

以上是三个不同的情景：言语刻薄、经常迟到、恶语相向。拉里、简和肖恩都有深深的内疚感。然而，借口又使他们觉得没有必要道歉。

这些行为给人际关系造成了裂痕。一个简单的道歉不仅会使结果迥然不同，更重要的是，道歉意味着为自己的行为承担责任。

为什么一句"我错了"让一些人那么难以启齿呢？通常，不愿意承认错误是和自尊心分不开的。承认错误会被视为软弱，因为只有失败者才会认错，聪明人则会努力证明自己的行为是正当的。

这种自我开脱的种子通常是在童年时播种下的。如果孩子因为一个小错误受到过度的惩罚、谴责或者羞辱，他的自尊感就会降低，并在潜意识里把错误行为和丧失自尊建立起必然的联系。于是，承认错误就意味着"坏"。所以，在这种情感模式中成长起来的孩子，成年后很难承认自己的错误。

幸好，作为成年人的我们能够理解这些负面的情感模式，同时又不会被其所束缚。其实没有谁是十全十美的。成熟的成年人知道如何冲破受伤的童年情感模式，并勇于承担自己的责任；而不成熟的成年人总是为自己的过错辩护。

"不是我的错"

自我辩解的方式通常是责备别人。我们可能会承认自己的言行不是最好的，但这是由他人的不负责任引起的。于是我们责备他人却很难承认"我错了"。这也是不成熟的表现。我（盖瑞）记得，有一次，6岁的儿子把桌子上的一个玻璃杯碰到地上，摔得粉碎。而他辩解说："那是它自己弄的。"从那天起，当我和妻子面对一个不负责任的行为时，就会开玩笑地跟对方说："那是它自己弄的。"我们都知道这只不过是开玩笑，但是把过错推在"它"而不是"我"的身上，感觉真的很好。

成熟的成年人会学习为自己的行为承担责任，不成熟的人则继续那些幼稚的幻想，把自己的错误推卸给别人。

为自己的行为负责的核心是愿意承认"我错了"。美国成功激励公司（Success Motivation, Inc.）的创始人保罗·J·麦尔（Paul J. Meyer）曾说："成功的最重要因素之一就是坦然承认自己错了。"我很赞同医学博士斯宾塞·约翰逊（Spencer Johnson）说过的话："真正的强大在于，有足够的智慧和勇气知错就改。"学会说"我错了"，这是成为负责而又成功的成年人的重要一步。

奥普拉的道歉

2006年1月26日，主持人奥普拉·温弗雷（Oprah Winfrey）以"我犯了个错误"这句话作为脱口秀节目的开场白。这令全美国的观众感到惊讶。温弗雷道歉的原因是，詹姆士·弗雷（James Frey）曾在回忆录《百万碎片》（*A Million Little Pieces*）中多处进行虚构，当人们发现弗雷回忆录的失实和误导读者后，温弗雷却在"直播拉里·金"（Larry King Live）节目中为其辩护。这使她失去了很多支持者和书评家，书评家们认为在写实文学中夸大事实是不可原谅的。

温弗雷接着说："为弗雷先生辩护让人感觉事实无关紧要。对此我深感抱歉，因为我并不是那样认为的"。温弗雷的道歉包含了第一种道歉语言（表达歉意）和第二种道歉语言（承认过错）。

温弗雷承担责任的行为，使她重新获得了很多被她得罪了的人的尊重。几位媒体专栏作家评论说，奥普拉·温弗雷积极回应观众的关心，这使她无论作为主持人还是做人，都赢得了极大的尊重和成功。*The Smoking Gun* 网站的编辑威廉·巴斯通（William Bastone）最早发现了弗雷书中的一些问题，他对于奥普拉·温弗雷的道歉是这样评价的："作为她那样的人物，能这样承认自己犯的错误，的确值得称赞。你不会经常看到像她这样有地位的人承认自己犯了一个重大错误并因此向观众道歉。"

奥普拉·温弗雷的道歉提醒我们，即使是富翁和名人，也需要为自己的错误行为负责并公开道歉。

学习承认过错

　　温弗雷通过"我犯了个错误"这句话承认自己错了。对于很多人来说，"我错了"这三个字让他们知道说这话的人是诚心道歉。不说"我错了"或者类似的承认错误、承担责任的话，人们就感受不到道歉者的诚意。不管你是媒体红人还是大学宿舍里的一个小小室友，明白这个道理会使你在真诚道歉的时候收到完全不同的效果。

　　乔伊和瑞奇来找我咨询。他们结婚5年了，经济条件很好。大学毕业后，瑞奇找到一份非常好的工作。结婚后，乔伊一直做全职工作，直到有了孩子。两人的父母都住在城里，也都愿意帮着照看孩子。因此，他们拥有很多卿卿我我的休闲时光。用乔伊的话说："说真的，我们的生活很美好。唯一的问题就是瑞奇从来不愿意道歉。如果事情不顺他的心，他就冲我发火。之后，他不但不道歉，反而把自己发怒的原因归咎到我头上。即使偶尔有几次说声'对不起'，之后也要加上'要不是你先惹我，我怎么会生气？'之类的话。他通过指责我来为自己的行为开脱，好像他自己从来不犯错似的。我知道自己不是个完美的妻子，但是如果我做错了，我愿意道歉，可瑞奇从不。"

　　我看着瑞奇。他说："我觉得为自己没做错的事道歉不合情理。我确实生气了，但那是因为她先羞辱了我，让我觉得自己不是个好父亲。我已经尽可能花时间陪儿子了，可是她每周还是指责我，说一些'如果你再不多陪陪儿子，他都快不认识你了！'之类的话。我白天得努力工作，晚上回到家已经很累了，需要时间放松放松。让我一进家门就花两个小时陪伊森玩儿，这我可做不到。"

　　"我从来没说让你陪伊森两个小时啊，"乔伊答道，"刚开始时15分钟就行了。"

　　"瞧瞧，这正是我想说的。"瑞奇接道，"如果我这周花15分钟陪孩子,我向您保证,下周她就会要求我花 20 分钟。无论我怎么做都没法让她满意。"

乔伊的话打击了瑞奇的自尊心,这一点我一看便知。瑞奇想做个好父亲,但乔伊的评论暗示他很失败。他当然不愿意接受这样的评价,便开始愤怒地抨击对方,以表达自己受到伤害。其实他们两个都需要向对方道歉,问题是两个人都不认为自己有什么错。

当关系因伤害和愤怒而破裂时,道歉是必不可少的。在这个案例里,乔伊和瑞奇两个人都是既受伤又生气。瑞奇被乔伊的谴责伤害了,而乔伊被瑞奇的反唇相讥伤害了。其实,他们俩谁都不想伤害对方,他们都要承担没有善待对方的责任。

我们的第一次会面快要结束时,我问下周我是否可以单独见瑞奇,第三周是否可以单独见乔伊,第四周三个人再一起见面。他们同意了。我感觉这次会面让他们唯一满意的,就是将本属于他们两个人的问题和第三者分享了。或许在接下来的几周里,我们能找到解决方法。

瑞奇的理由

在和瑞奇的会面中,我没用多长时间就弄明白了:为什么乔伊要求瑞奇花更多时间陪伊森的话,会在他内心激起那么强烈的负面反应。瑞奇的原生家庭中,父亲大多数时间都不在家。他父亲常常星期日晚上离开家,到星期五下午才回来,周末则打打高尔夫球、看看体育节目。上高中的时候,瑞奇和父亲打过几次高尔夫球,偶尔父子俩也会一起看场足球赛,但直到瑞奇离家去上大学,他对自己的父亲也不甚了解。于是他发誓,绝对不让这种情况发生在自己的孩子身上;他一定会想办法多去沟通,让儿子感觉到父爱。正是因为他想做一个好父亲的愿望太强烈,乔伊那些指责的话才会令他感到受伤很深。

瑞奇的敏感和愤怒缘于母亲的影响,因为母亲经常愤怒地攻击父亲。瑞奇同情母亲的痛苦,觉得母亲有权利这样对待父亲。他从不觉得母亲有什么不妥之处，有时甚至会纳闷母亲为什么能忍受父亲的行为。如今他已为人夫为人父，觉得自己对乔伊说的那些刻薄但真实的话也是合情合理。所以，他觉得没有必要为那些刻薄话向乔伊道歉。

我的辅导分两部分。首先，我试着帮助瑞奇明白，伴随他成长的那种父母之间的关系未必是健康的。他欣然承认，父母的婚姻确实不是他渴望的那种充满爱、关心与支持的婚姻。我告诉他，只要他仍按照父母间的关系模式去做，他所盼望的那种婚姻将只是理想，而不可能实现。其次，我试着帮他认识到，理解和认同之间是有差别的。虽然人们能够理解他对乔伊的态度反应，但如果将其视为正当行为，将会毁掉他真正想得到的亲密的婚姻关系。

赞同（不赞同）之法

我用一种新方法来挑战他。这种方法帮助过很多夫妻走出失败开始成功地生活。我称之为"赞同（不赞同）"法。一方面，我赞同任何人有权感到受伤、愤怒、失望、沮丧或其他类似的感觉，但仅限于体验这些感觉，而不会让这些感觉支配自己；另一方面，我不赞同因自己有权体验这些感觉就反过来去伤害别人。因为配偶伤害了你，你就要反过来去伤害他（她），这无异于一场永远没有赢家的家庭战争。

因此，瑞奇应该学会寻找一种既不会伤害配偶又有和解余地的方式来表达他的情感。我和瑞奇一起探讨出了一种能帮助他实现上述目标的表达：

> 亲爱的，我非常爱你，也非常爱伊森。我想成为一个好丈夫和好父亲，我的这个愿望甚至比任何人都强烈。我之所以如此，可能是因为我和父亲之间不曾有过亲密的关系，我父母总是吵来吵去的缘故吧。因此，我想和你分享一些让我很受伤的经历，并请你帮我找到解决方法。昨天晚上，当你

说"如果你再不多陪陪伊森，他长大后，连你是谁都不知道"的时候，我真是心如刀绞。我跑到电脑房里痛哭，因为那是我最不愿意看到的结果。所以，你愿意帮我安排一下时间表，让我既能和伊森共度有意义的时光，又能好好地工作赚钱养家吗？

我向瑞奇保证，乔伊一定会积极回应这样的请求。他表示赞同。

然后我说："我多年从事咨询工作，很多案例告诉我，仅仅订立一个新计划，未必能使你一下子就改变原来的处事习惯。在接下来的几周里，当乔伊抢白你时，你很有可能又会回到原来的模式中，朝她发火——你并不想那么做，但你还来不及想就做了。这时就需要道歉。冲妻子大喊大叫可不是一种友善、温柔的举动。我想你会赞同这点的。因此，这样做也是不对的。"瑞奇点头同意。

我提醒他：丈夫要爱妻子，关怀她们，努力满足她们的需要。瑞奇再次点头表示赞同。

于是我继续说："朝妻子发脾气，这不是成功婚姻所应有的行为。所以，我建议你尝试着这样说：'昨天晚上，我发脾气了，冲你大喊大叫，说了一些很难听的话。我那么做既不温存、友好，也不和善，是不对的。我知道我深深伤害了你，其实我并不想伤害你，对此我很抱歉，请原谅我。我知道我错了。'"

瑞奇把这些话录进掌上电脑。我们一起祷告，希望这一新方法的尝试能够医治他感到受伤和愤怒的情绪。虽然这次谈话进展艰难，但是我感到瑞奇愿意做出改变。

乔伊的挣扎：饶恕还是迁怒

我和乔伊的谈话进行得更困难。不是因为她不想使婚姻更美好，而是因为她很难理解：如果一个男人真的爱妻子，怎么会对她发那么大的火呢?!她认为这两者是水火不容的。所以她质疑瑞奇对她的爱。

我对乔伊的想法表示了理解,但同时试着让她明白:每个人的爱都不是完美的。确实,完美的爱永远不会伤害所爱的人,但没有人能够拥有完美的爱,原因很简单:人都是不完美的。美好婚姻的基石并不是完美的人,而是愿意承认错误并寻求宽恕的心。

乔伊理论上赞同我的观点。但是瑞奇那些尖酸刻薄的话带给她感情上的痛苦,使她很难原谅他。"特别是他从来都不道歉,这让我受不了。"道歉是实现宽恕与和解的不可分割的一部分,在这一点上我同意她的想法。我问她希望在真正的道歉里听到些什么,她说:"我想听出诚意。我想听的不仅仅是一句'对不起,我伤害了你',而是承认他所做的是错误的。他怎么可以发完火儿抽身就走,从来都不道歉呢?他怎么可能意识不到对别人喊叫是不对的呢?这真伤我的心。"

在接下来的 30 分钟里,我和乔伊就伤害和自尊的关系进行了探讨。我向她解释了瑞奇的原生家庭的情况,告诉她为什么她说瑞奇不是个好父亲会给瑞奇造成那么深的伤害。也许从乔伊的立场出发,她的话是有道理的,但是对瑞奇而言,这无异于在他的灵魂深处引爆了一颗言语炸弹。瑞奇对此的下意识反应就是反击,因为过去他常常看到妈妈这样做。

"但是,在这种模式下长大的他,能改变吗?"乔伊问。

我说:"这正是人类的奇妙之处。我们有能力改变。我相信瑞奇是真诚的,而且他已经开始更好地认识自己了。我相信未来你会看到重大变化。"

"希望如此。我非常爱他,希望我们的婚姻美满。现在婚姻确实触礁了,希望还来得及挽救。"

最后,我和乔伊讨论了她应该如何正面地表达她希望瑞奇陪伊森玩的想法,又避免打击他的自尊。我建议,如果她提出比较具体的请求,瑞奇就不大可能再将其视为谴责。因为建议、请求与命令是不同的。我帮乔伊列出可以请求瑞奇做的一些事,下面是其中的一部分:

"我做饭的时候,你可以和伊森玩跳格游戏吗？"

"晚饭后,咱们三个人一起散步好吗？"

"你介意今天晚上给伊森洗澡吗？"

"我给伊森放洗澡水的时候,你能给他读个故事吗？"

"晚饭后我洗碗的时候,你能陪伊森玩会儿沙盒游戏吗？"

我看得出,乔伊渐渐领会了要提出具体的请求而非一股脑地抱怨。我又提示她说:"每周你向他提的请求不要多于一个,好吗？每次瑞奇陪伴伊森以后,一定要记得对他说些肯定的话。告诉他,他是个好父亲,你为他感到骄傲。告诉他,你很感激在你做饭的时候他能够陪伊森玩。不要无视他所做的这些事。瑞奇拼命想成为一个好父亲,所以当你肯定他,就是在帮助他建立自尊。这样你就在你们夫妻之间营造出一种积极的感情氛围。"

学习新的回应方式

与瑞奇和乔伊接下来的四次会面都与前三次会面一样富有成效。看到他们重新了解自己、认识过去的情感模式并采用新的模式来回应对方,真是件令人兴奋的事。当瑞奇偶尔对乔伊说出刻薄的话,他学会了说"我错了";当乔伊说走了嘴,责备瑞奇做父亲的能力时,她也学会了说"我错了,对不起,我伤害了你"。

瑞奇的主要道歉语言是"对不起",这一点在我给他做咨询的过程中渐渐显明出来。所以当乔伊说出这几个字的时候,瑞奇就会原谅她。另一方面,乔伊的主要道歉语言是"我错了"。她要明确的是,瑞奇认识到他说那些刻薄话是错误的。当乔伊学会了表达真正的歉意,瑞奇也学会为了自己的错误行为承担责任,并且双方都学会了使用对方的道歉语言的时候,他们的婚姻关系就向前迈进了很大一步。

第二种道歉语言的力量

对于很多人来说,道歉中最重要的部分是承认自己的过错。来自西雅图的琳达告诉我:"我丈夫从来不承认自己做错了事。他会把自己的错扔到一边,再也不想提它。如果我旧事重提,他就会说:'我不记得我做过什么。你怎么就不能把这事儿忘了呢?'如果他肯认错,我是愿意原谅他的。可是,他表现得像没事人一样,要我不跟他计较很难。"

琳达的眼里含着泪水:"我只不过希望听他说一次'我错了'。"

帕姆今年 27 岁。在成长的过程中,父亲告诉她,明智的人乐于为自己的错误承担责任。"我永远都不会忘记他的话:'我们都会犯错误,但真正能够毁灭你的正是那个你不愿意承认的错误。'记得小时候我会做些违反家规的事,父亲就会微笑着看着我,问道:'你有没有什么想要说的?'我就回答:'我犯了一个错误。我错了。你愿意原谅我吗?'他就会给我一个紧紧的拥抱,说:'我原谅你了。'

"承认错误成为我生命的一部分,这要归功于我父亲,我很感激他。"

5 年前,帕姆嫁给了罗伯特。她说罗伯特是"我遇到的最诚实的人"。随后她又补充说:"我并不是说他完美无缺,而是指他总是勇于承认错误,愿意说:'我犯了一个错误。我错了。你愿意原谅我吗?'我想,这正是我爱他的原因。我喜欢愿意为自己的错误承担责任的人。"

显然,帕姆的主要道歉语言是承认过错。

迈克尔今年 24 岁,是个单身汉。他从没听到过父亲向他们母子俩说抱歉。18 岁时,他离开了家,从此再也没回去过。

"我觉得父亲很虚伪。"他解释道,"邻居都认为他是个成功人士,我却认为他是个伪君子。这大概就是我总会积极道歉,愿意承认错误的原因吧。我希望我与别人的关系是真挚的。我知道,只有愿意承认自己的错误,才有可能实现这一点。"

拉里和吉尔结婚 25 年了。他希望妻子在道歉时能够承认错误。他说："几年前，吉尔的一个叔叔给了我们一笔钱。我认为这笔钱应该用作一家人的生活费，她却觉得那是叔叔给她的礼物，她想怎么花就怎么花。结果没过多久，她就把钱花光了。为此我很恨她。但我从来没对她说过任何刻薄的话，只是告诉她我的感受。"

有一天，吉尔来向他道歉："我意识到，我不该那样处理俄尼叔叔的那笔钱，而应该与你商量，一起决定怎么使用它。现在我意识到自己的做法很自私，伤害了我们的关系，对此我很难过。我承认是我错了。"

那么拉里是如何回应的呢？

"我接受了她的道歉并原谅了她。因为既成事实，钱也已经花光了，所以应该着眼于现在，而不是追究过去。我告诉她，我很爱她，也不会因此就跟她过不去。结果我们俩相拥而泣——我们的关系在此时得到医治。后来她告诉我，她担心我会很生气，永远也不原谅她。但我怎么会那么做呢？她已经真诚地道过歉了，不是吗？"

对于拉里来说，真诚意味着承认过错。

对于上述这些人还有很多其他人来说，最重要的是让他们听到你为自己的错误承担责任的道歉语言。正是这些承担责任的话使别人相信你的道歉是真诚的。正如一位女士所说："'对不起'是远远不够的。我想要知道的是：他真正明白自己的所作所为是错误的。"对于这些人，如果想让他们感到你道歉的诚意，可以使用下面的这些说法。

承认过错的话应当怎么说

- 我知道我做错了，毫无借口。说到底，我的做法很自私，我错了。

- 我犯了一个大错误。当时，我对自己的做法没有多想。但回头一想，问题就出在这儿。我真希望当时能三思而后行。我错了。

- 我那样对你讲话是不对的。我的话既刻薄也不符合事实，而且说话的方式既不友好也没有爱心。我在怒气之中说了那些话，一心只想着为自己辩解。希望你能够原谅我。

- 我又犯了一个我们以前讨论过的错误，把事情搞砸了。我知道这是我的错。

道歉的五种语言
The Five Languages of Apology

第四章

道歉语言之三：弥补过失

道歉的五种语言

表达歉意——说"对不起！"

承认过错——说"我错了！"

弥补过失——拿出行动！

真诚悔改——说"我不会再那样了！"

请求饶恕——说"请原谅！"

为过错做出补偿的"弥补"观念深嵌在人类灵魂里，社会的法律体系和人际关系都深受这个基本观念的影响。近年来，美国的司法体系越来越多地强调法律上赔偿损失这个概念：罪犯应该对其犯罪行为所造成的损失进行赔偿。除了坐牢，罪犯还需要努力为其罪行进行补偿。

弥补过失这个概念建立在犯了罪就要"赎罪"这一人类内在意识的基础之上。提起那些坐牢的人，人们通常会说："他们在向社会赎罪。"而弥补过失这个概念则在此基础上更进了一步——"你要向被你冒犯的人赎罪。"

在有些案例里，弥补过失很容易操作。如果犯罪行为造成的损失可以用货币来衡量，那么罪犯只要赔偿一定数量的货币就可以了。但是，在另一些案例里，弥补过失操作起来则会比较困难。如果罪行是强奸罪或者谋杀罪，那么杀人犯或强奸犯又该如何赔偿被害人及其家属的损失呢？我们认为，这种情况下的"赔偿"可以采取这样的方式：罪犯向受害方真诚地道歉，承认罪行，并将余生致力于帮助他人——使他们免于步自己的后尘。

因为罪犯一般不会主动弥补过失，赔偿受害人，所以法律体系中那些借助其他手段来弥补自己损失的案例不胜枚举。人类的灵魂深处有个声音在说："我要是被侵害了，就得有人付出代价。"父母会努力把这个道理教给子女。例如，当一位母亲看到 4 岁的儿子从他 6 岁的姐姐手里抢过玩具的时候，她不但让他向姐姐说"对不起"，还会要求他把玩具还给姐姐。

"我应该做点事情来补偿人家"

《新韦氏词典》(*New Webster's Dictionary*) 将赔偿定义为："归还给合法拥有者的行为"或"对所损失或损坏的东西等作出对等的赔偿"。安迪·斯坦利(Andy Stanley)在他的《"好人"叩开天堂门》(*Since Nobody's Perfect...How Good is Good Enough?*)中写到："真正的歉意体现在想要为自己给别人造成的痛苦做出赔偿的意愿之中。人们内心有个声音在说：'我应该做点什么事情，以补偿我的行为所造成的损失。'"

弗吉尼亚联邦大学(Virginia Commonwealth University)的心理学教授、道歉领域的科研带头人小埃弗雷特·沃辛顿（Everett Worthington Jr.)把这种赔偿行为称为"平衡"。

> 平衡是补偿他人所遭受的损失。提供赔偿是为了使正义的天平恢复平衡。任何伤害或冒犯都会给受害方造成损失。也许伤及他或她的自尊心，也许伤及其切身利益(比如，我当着你上司的面冒犯你致使你失去了升职的机会)。因此，侵犯者提出赔偿损失是一种善意的举动。

"你还爱我吗"

在公共领域，基于公正感，人们重视赔偿。罪犯应该为其罪行付出代价。相反，在由家庭和其他亲密关系构成的私人领域里，基于爱的需求，我们也要求获得赔偿。因为当我们被深深伤害之后，需要确认伤害我们的人还爱着我们。毕竟，成功的家庭关系和真正的友谊都是建立在爱的基础上的。

事实上，当我们被家人的语言或者行为伤害时，常常会感到愤怒。之所以伤害如此之深、愤怒如此强烈，是因为我们极度渴望被那个人爱。但是，他们刻薄的言语和伤人的行为，使我们开始质疑他们的爱。

"要是他们爱我，怎么可能那样对待我？"——这是萦绕在我们心头，挥之不去的问题。对方光说"对不起，我错了"是不够的。"你还爱我吗？"——我们想知道这个问题的答案。正是这样的探询促使我们要求进行赔偿。

一些人认可的主要道歉语言是弥补过失，做出赔偿。对于他们而言，"我那样对待你是不对的"之类的道歉后边必须加上"我能做些什么才能证明我依然在乎你呢？"才有效。如果你不准备赔偿，对方会质疑你道歉的诚意。即使你已经说了"对不起，我错了"，他们还是觉得你不爱他们。因为他们在等待你真正爱他们的明证。

弥补过失

在我们的调研中，我们不断听到人们这样说：

> "我期望看到对方有所悔悟，但也希望看到他诚心诚意地努力弥补不和造成的损害。"
> "我期望他能努力弥补错误。"
> "我期望她发自内心地感到抱歉并愿意进行弥补。"
> "我期望他做出适当的补偿，事情可不是说一句'对不起'就能解决的。"

所有这些人都把赔偿看作最真诚的道歉。他们的主要道歉语言是赔偿。

回到我们对监狱问题的讨论，如果有人触犯了法律，他（她）可以用做社区服务作为赔偿。在人际关系里面,你会通过提供服务而受益。

　　那么,我们如何最有效地赔偿呢? 赔偿最重要的是向家人表达你的爱心,所以必须使用对方最容易接受的爱的语言。有些丈夫以为送花是表达赔偿的最好方式:"只要给她送花就万事大吉了"。然而,不是所有女人的主要爱语都是鲜花,所以有些丈夫送上的鲜花会被妻子直接摔回到脸上。妻子一边反感地走开,一边说:"别以为什么事都能用花来解决!"

学习爱的五种语言

　　我从事婚姻和家庭咨询长达 35 年,经验使我确信,爱的语言基本上有五种类型。每个人都有这五种语言当中的一种。如果你说出他(她)的主要爱语,他(她)就会相信你的爱,你的赔偿就会成功。相反,如果你不说对方的主要爱语,即使你付出最大努力去道歉,也不一定成功。因此,让我简要回顾一下爱的五种语言[1],并用我的研究说明如何在道歉中结合爱的五种语言使对方接受你的赔偿。

肯定的言词

　　爱的第一种语言是肯定的言词, 即用语言来肯定对方。"你穿这件衣服很漂亮","我真的很感激你为我做的事","你真是太体贴了","每天你都让我想起自己有多爱你","你做的饭太好吃了! 真是厨艺精湛。这一定花费了你很多时间和精力。非常感谢你的款待"。肯定的言词可以用来称赞对方的性格、行为、衣着、成就或者美貌。重要的是,这些言语表达了你对对方的爱和感激。

　　下面是我们调研中的两个案例, 当事人的主要爱语是肯定的言

---

[1]参见我的书《爱的五种语言》(*The Five Love Languages*,芝加哥穆迪出版社,1992 年出版)。

词,所以听到肯定的话能让他们接受配偶的道歉。

梅根 29 岁,和布拉德结婚 6 年了。"我知道什么时候布拉德的道歉是真诚的。他会收回他说的那些伤人话,告诉我他多么爱我。有的时候,他会极力说我有多么好,他很抱歉伤害了我。我猜他知道,要说很多积极、肯定的话,才能弥补那些伤人的话造成的伤害。"

在一次婚姻研讨会的中间休息时段,我遇到了蒂姆,就跟他谈论道歉的问题。他这样评价妻子:"她每次道歉几乎都被我接受了。她是我知道的最会道歉的人。"

他的话引起了我的注意,就专注地听他解释。"她通常会这样说:'蒂姆,我……,对此我感到很抱歉。你那么好,伤害了你,我真的很抱歉。请你原谅我,好吗?'然后还给我一个拥抱。这个方法每次都奏效。打动我的是她说的'你那么好'这句话。于是我知道她是真诚的,所以每次都原谅了她。我们都会犯错误,我也不指望她十全十美。然而,她会在请求我原谅时述说我的种种好处,那时候我的感觉真的很好。"

对于蒂姆来说,肯定的言词就是他的主要爱语,也是道歉中他最喜爱的部分。这就是他需要的全部补偿。

服务的行动

第二种爱的语言是服务的行动。这种语言基于一个公理:"实干胜于雄辩"。对于喜欢这种语言的人来说,爱是透过那些体贴入微的善意行动展现出来的。洗衣服、洗盘子、倒垃圾、给狗洗澡、给地板除尘、给婴儿换尿布、除掉挡风玻璃上的虫子、帮助孩子做家庭作业等,都是服务的行动。

格温来到我的办公室里,看得出来,她心情很烦乱。她说:"我真受不了我丈夫马克的道歉方式。'对不起,对不起,对不起……'他就只会说这几个字,真是烦死了。好像这么一说就能让一切都恢复正常似的。当他冲我大喊大叫、骂骂咧咧之后,一句'对不起'可不能解决问题。我想知道：他是依然爱着我，还是想摆脱这个婚姻？如果他还爱我的话，为什么在家里不帮我做些事情呢？我洗碗、做饭的时候，他只会坐着看电视。这样的男人我已经受够了。我和他一样在外边工作，可他甚至连修剪草坪的活儿都不干。他怎么可以一边说爱我，一边什么都不做呢？实干胜于雄辩。"

显然，格温主要爱的语言是服务的行动，马克却没有这样做，所以，她才会对他的道歉充耳不闻。她无法理解马克怎么能一边诚心地向她道歉，同时又不用行动表示出对她的爱。

我花了些时间向格温解释了爱的五种语言，并告诉她，我猜马克不知道她所喜欢的爱的语言是什么。而格温恐怕也不了解马克所喜欢的爱的语言。结果，不到三个月，格温和马克都发现了对方的主要爱语，并且彼此投其所好。他们的婚姻也重新步入正轨。马克认识到，对妻子来说，仅仅一个口头上的道歉是远远不够的，必须进行补偿，并且需要通过服务的行动来体现爱意。每次与马克偶然相遇，他都会向我致谢，说我对爱情和道歉的见解挽救了他的婚姻。

通常，在婚姻研讨班结束时，我会请每位丈夫握住妻子的手、凝视着对方的眼睛，跟着我重复下面的话："我知道我不是一个完美的丈夫，希望你能原谅我过去的失败。我真心希望能做得更好，现在请你教我应该如何去做。"然后，我请妻子们也对丈夫重复类似的话。其中有一位妻子无法对丈夫这么说。后来，我们从调查问卷中发现，在13年的婚姻生活中，她不记得丈夫做过任何真诚的道歉。她接着写到："在你的研讨班结束之后，我看到了能够让他真正道歉的一线希望。当时，我无法向他说那些话，但是那天晚上他居然开始帮我照顾孩子，帮我做饭！我知道一定是什么东西触动了他。希望他能够发现我所喜欢的爱的语言是服务的行动。"不过，她也承认了自己的疑虑："他这种变化能否保持得住，还有待观察。不过我知道，要是我能感受到他真的爱我，我愿意原谅他过去的一切。其实我最想得到的，莫过于丈夫对我的爱。"现在，要想让妻子接受道歉，取决于丈夫是否对过去伤害妻子的行为进行补偿，并且以实际行动证明自己对她的爱。

这一原则同样适用于友谊。本是一位相貌英俊、思维敏捷的城市规划师，他和同一部门的一位同事史蒂夫发生了冲突。他们两个有很多共同点，都喜欢午餐时讨论共同感兴趣的高尔夫和政治话题。有一天，史蒂夫搞了一个恶作剧，趁本不在的时候偷用了他办公室的电脑，并以本的名义向 6 名同事发了封电子邮件，邀请大家到本家里参加新年晚餐派对："什么东西都不用带——只要人来了就行！"第二天，本得知此事，不但没觉得好玩儿，反而很生气，感到自己被出卖了。

于是本去质问史蒂夫。史蒂夫看出本真的不喜欢这个玩笑，就很真诚地向他道了歉。但是，本要求史蒂夫把事情更正过来，才能接受他的道歉。在本的坚持下，史蒂夫给部门内所有同事发了一封更正邮件。此行为让本觉得史蒂夫承认了自己所犯的错误并进行了更正，于是两人得以和好。如果史蒂夫不愿意采取更正行动，本一定会觉得他的道歉不够真诚，并很可能会就此结束他们的友谊。

接受礼物

第三种爱的语言是接受礼物。赠送和接受礼物是表达爱的一种普遍方式。人类学家调查了全球数百个不同民族的文化，发现所有这些民族都把赠送礼物视为一种爱的表达方式。一件礼物能够体现馈赠人对受赠人的关心。俗语说得好："礼轻情义重。"

礼物不必贵重。人们常说"心意才是最重要的"。然而，那可不意味着你心里想想就算了，而是要把你心里的想法用礼物表现出来。

小小的孩童就知道从院子里摘蒲公英花送给妈妈，来表达对妈妈的爱意。夫妻间可以互赠鲜花——当然，我不建议像小孩子那样送蒲公英。不过，即使是成年人，也不必花很多钱买花：如果自家院子里没有种花，那就看看邻居家有没有吧。向他们讨一朵鲜花，他们一定会送给你的。

有些人的主要爱语是接受礼物。所以,如果被你冒犯的人偏爱接受礼物这种爱的语言,你又希望能够弥补自己的错误的话,那么送礼物会是一种很有效的补偿方法。

贝森妮觉得丈夫的道歉是发自肺腑,因为他使用了她所喜爱的道歉语言。贝森妮说:"他先作道歉。然后,在当天晚上送我一朵玫瑰花来弥补他对我的冒犯。不知道为什么,玫瑰花似乎在告诉我他真的很有诚意,所以我就原谅了他。"

"这些年来你总共收到了多少玫瑰花呢?"我问道。

"有几十支吧。每一支玫瑰都表明他依然爱着我。"可见对于贝森妮而言,最好的赔偿方式就是送礼物。

苏珊的儿子患了白血病,经常住院。丈夫因此而情绪紧张,她努力表示理解。"我丈夫把很多痛苦和怒气都发泄到我身上,但是我都忍了,因为我理解他的感受。后来突然有一天,他来到医院,手捧鲜花和卡片,对把压力都发泄在我身上做了一个全面的道歉。这是我们婚姻生活中最为温情的时刻之一。他通过自我省察认识到自己伤害了我,并主动向我道歉。鲜花和卡片向我证明了这一点,让我知道他是真诚的。"

苏珊的丈夫用她喜欢的爱的语言进行了道歉——送礼物补偿伤害行为。

精心的时刻

爱的第四种语言是精心的时刻。当你把注意力集中在对方身上,这就意味着:"你对我来说很重要。"关上电视,把报纸和书都放在桌上。不能一边陪着对方,一边付账单或者看着电脑屏幕。你要把注意力集中在对方身上,不能分心。如果我和妻子一心一意共度 20 分钟"二人世界"的时光,意味着我们都把 20 分钟的生命交给了对方。精心的时刻是一种强大的情感传达器,表露出你的爱意。

在一些人眼里，精心的时刻是他们的主要爱语。没有什么比精心的时刻更能传达爱意了。在这样的时光里，甚至不需要特别做些什么，只要说说话就好。对于他们来说，精心的时刻是进行赔偿的极佳方式。

来自圣路易斯的玛丽回忆起星期天下午婚姻研讨会结束之后丈夫很打动她的一次道歉。当时她和丈夫一起吃完午饭，正准备休息一下。

"菲尔看着我说，他很抱歉一直以来那样对待我。他很糟糕，我们甚至都不跟对方说话了。

"他当时注视着我的眼睛，握着我的双手，感谢我买了参加这次研讨会的票。他说，这次会议让他看清在我们过去 5 年的婚姻里他没能做个好丈夫，现在他要一改前非。

"他眼中流露出喜悦与忧伤，我知道他是真诚的。他上周特意腾出时间和我交流并为自己以前的行为道歉，这简直令我难以置信。以前他每次道歉的时候，只是简单说声'对不起'，就没了下文，像平时往热狗上抹番茄酱那般随意。这次却不一样，他表现得很真诚，所以我欣然原谅了他。"

这次菲尔使用了玛丽所喜欢的爱的语言——精心的时刻，从而使结果迥然不同。

道歉时，你不一定要握着对方的手，但是需要将全部的注意力放在道歉对象的身上。如果精心时刻是被你冒犯的人的主要爱语，那么只有精心时刻能使他们相信你道歉的诚意。你道歉时表现出来的专注是对他们最好的赔偿，因为精心的时刻向对方深刻地传达了你的爱。

身体的接触

爱的第五种语言是身体的接触。身体接触产生的情感力量早已为我们熟知。这就是大人会将婴儿抱起来抚摸的原因。远在懂得"爱"这个字的含义之前，婴儿就能通过身体接触体会到爱。成年人也是一样。挽手、亲吻、拥抱、搂着对方的肩膀、轻拍对方的脊背、抚弄对方的头发,这些都是表达情感的身体语言。这里谈论的身体接触不仅局限于夫妻之间,也适用于所有家庭成员,包括父母和子女。

有些人的主要爱语是身体接触。在他们看来,没有什么方式比肯定性的身体接触更能深刻地表达爱,而没有身体接触的道歉是不真诚的。

罗伯特和 10 岁的儿子杰克发生了争吵。气头上的罗伯特指责儿子懒惰、不负责任。杰克听了就哭得一发不可收拾。罗伯特知道自己的话对儿子造成了很深的伤害。

于是,他对儿子说:"孩子,对不起,爸爸发脾气了。爸爸说得不对,你既不懒惰,也不是不负责任的人。你是一个喜欢玩耍、热爱生活的孩子。爸爸不该打断你玩游戏,让你为我做事情,这样做太不体贴了。爸爸非常爱你,伤害了你,这让我很痛心。"

罗伯特张开双臂紧紧拥抱儿子。杰克哭得更厉害了,却是因为得到了很大的安慰。等他恢复平静,爸爸看着他的眼睛说:"我非常爱你,儿子。"杰克抱住了爸爸的脖子:"我也爱你,爸爸。"罗伯特的道歉被接纳,因为他通过使用儿子喜欢的爱的语言——身体接触——道了歉。

我们问来自明尼阿波利斯的贾德森:"你希望妻子怎样道歉?"贾德森和妻子结婚已经 15 年了。他回答说:"我希望她认识到她这样做很伤人,希望她说'对不起',然后请求我的原谅。在得到原谅之后,她还要给我一个拥抱,这样道歉程序才完整。"

贾德森明确表示他希望将弥补伤害作为道歉的一个组成部分,他最喜欢的爱的语言就是身体接触。拥抱之后,他会觉得她"已经弥补了"所犯的错误。没有拥抱,道歉程序中就缺少了至关重要的一环。

马蒂对有效道歉的阐释说明了身体接触的重要性。"我丈夫当着孩子的面说了一些伤害我的话。几天之后,当我们全家围坐在桌边的时候,他站在我身后,双手放在我肩上,当着三个孩子的面说,他之前做错了，感到很抱歉，想向我和当时在场的人承认错误。他的道歉效果很好，这是因为：第一，他承认了错误；第二，他通过身体接触做了补偿；第三，他在所有和此事有关的人面前公开地道歉，从而教给孩子们一个很重要的道理，这让我很感激他；第四，他恢复了我的名誉。"道歉的话语固然重要，然而弥补伤害并向她证明丈夫的爱的，却是肯定性的身体接触。

如果你的道歉对象的主要爱语是身体接触，那么光凭嘴说是不够的，你必须伸手触摸他才能弥补伤害和过失。

爱的信息需要传递出去

赔偿的方法不是一成不变的。很多夫妻在努力道歉的过程中遭受挫折，无论怎么做似乎都无法弥补过错。其实，问题出在他们没有使用配偶的主要爱语。于是，道歉时未能将弥补过失——表达自己的爱——的信息传递给对方。所以，如果你想有效地弥补伤害，必须学习你所爱之人的主要爱语，并在道歉时加以使用。

如果赔偿是一个人的主要道歉语言，那么它就是道歉中最重要的部分。如果只是说"对不起，我错了"之类的话，却没有诚心诚意地努力赔偿，对方永远都不会认为你的道歉是真诚的。他们在等待你证明你依然真心地爱着他们。不努力做出弥补，道歉就不会达到宽恕与和解的目的。

赔偿和归还

赔偿往往不仅仅意味着使用一种爱的语言，还包括赔付或归还被剥夺了的东西，例如一辆受损的汽车、一块刮伤的手表或者受损的好名声等等。记得吗？马蒂的名誉是在吉姆当众承认自己出口伤人，损害了妻子在孩子们心中的形象之后才得以恢复的。如果你确实是诚心道歉，那么自然会对自己的错误行为做出弥补。

真诚的道歉应该包含渴望纠正犯下的错误、弥补所造成的损失，以及向对方证实你的关爱。如果你不大确定被冒犯的人认为什么是合适的赔偿，你可以问对方下面这些问题。

弥补过失的话应当怎么说

- 我能做些什么来弥补我的所作所为呢？
- 我知道我深深地伤害了你，我愿意做点事情来补偿给你造成的伤害。你能给我一些建议吗？
- 我觉得光说"对不起"是不够的。我想为我的错误做法进行补偿。你觉得我怎么做比较合适呢？
- 我知道我给你造成了不便。我能做些什么来弥补此事呢？
- 我很后悔损害了你的声誉。我可以对此做一次（公开）更正吗？
- 我已经无数次地违背了诺言。这次你需要我把对你的承诺写下来吗？

道歉的五种语言
The Five Languages
of
Apology

第五章
道歉语言之四：真诚悔改

道歉的五种语言

表达歉意——说"对不起！"

承认过错——说"我错了！"

弥补过失——拿出行动！

真诚悔改——说"我不会再那样了！"

请求饶恕——说"请原谅！"

一位结婚将近30年的妻子对我说："我们为了同一件事情吵了又吵。我认为很多夫妻都有类似的问题。让我最烦心的不是冒犯行为本身，而是屡犯不改。他道歉，承诺说不会再那样做了，然后他又那么做。都是些鸡毛蒜皮的小事，比如没关卫生间的灯、无故地发牢骚等。"

"我不需要道歉——别再烦我就好了！"

这个女人想要丈夫悔改。

"悔改"这个词的含义是"掉转方向"或者"改变主意"。有人这样阐释这一概念：一个正在向西走的人由于某种原因突然转了180度，改为向东走。就道歉而言，"悔改"这个词意味着一个人认识到其行为的破坏性，他为给对方造成的痛苦感到抱歉，于是选择改变自己的行为方式。

悔改可不仅仅是指说"对不起，我错了。我应该怎么补偿你？"而是应该承诺"我会努力不再做这样的事。"对于有些人而言，悔改使他们相信道歉的真诚性。也就是说，冒犯者的悔改行为博得了被冒犯者的宽恕。

没有真心的悔改，其他的道歉语言可能会被充耳不闻。受伤害者想知道的是："你想要做出改变，还是下周再次这样对待我呢？"

我们在调查问卷里问了这样的问题："你希望在道歉里看到什么？"结果不断收到下面这些回答：

"要表达出改变的意愿，并且下次不再这样做。"

"我希望他们找到阻止此事再次发生的方法。"

"我希望能有行为上的改变，使这样的侮辱不再重演。"

"我想要他们有一个切实可行的改进计划。"

"真诚的道歉应该包含不再犯错误的意愿。"

"我希望他别过几分钟后又发脾气或者再做同样的事情。"

由此看来，很多人把悔改看做真诚道歉的关键。

"我想要改变"

那么，我们如何使用悔改这一道歉语言呢？它首先从表达改变的意愿开始，这是悔改的第一步。真正的悔改均发自内心。我们认识到自己做错了，伤害到了所爱的人。因为不想继续这种行为，所以决定做出改变，然后对被冒犯者说出这个决定。正是这种愿意做出改变的决定，表明我们不再为自己的过错找借口、狡辩，而是为自己的行为承担全部的责任。

我们和被冒犯的人分享改变的意愿时，需要敞开自己，使他们得以看到我们的内心——这通常使他们相信我们会说到做到。

27 岁的艾比认为丈夫鲍勃是个很会道歉的人。"为什么你认为他的道歉是真诚的呢？"我问她。

"噢，他很诚实。"她回答道，"我真正喜欢的一点是，他告诉我他会努力不再犯同样的错。对于我来说，这一点真的很重要。我不仅想听其言，更想观其行。当他表明自己的改变意愿时，我就愿意原谅他。"

35 岁的吉姆告诉我他在道歉里寻求的东西，"我希望对方来找我，和我面对面坐下来谈，而不是在电话里。他们要向我承认错误，而且保证不再犯。当然，做到这一点需要些时间，不过我可以对他们有耐心一些。"

不管是同事还是家人，吉姆都想要看到其确实的改变。他愿意花时间等待这些改变发生。"我知道事情不是一下子就能改变的，但重要的是,你必须愿意做出改变。"

有些人可能不愿接受这种口头表达的改变意愿，因为担心说这话的人光说不做。"那不是只会让事情变得更糟糕吗？"一位男士问我。确实,行为的改变需要时间,而在这一过程中我们可能会遇到一些意料之外的失败(稍后我会在本章中论述这一点)。但是那些失败不应该从根本上阻止我们做出真正的、积极的改变。

更大的问题是:如果不把想要改变的意愿说出来,将会如何呢？你的理论可能是,只要采取行动去改变就够了,不用把这些想法说出来。这种做法的问题在于,被你冒犯的人不是你肚子里的蛔虫,不知道你心里已经做了改变的决定。也许过上数周或者数月他们才能观察到你的变化,但是即使如此,他们可能还是不知道促使你改变的原因。如果在道歉的时候,说出你想要改变,情况就会好多了。这时,对方不但知道你确实认识到自己的错误,而且知道你想要彻底改变这种行为。

其实，你完全可以告诉道歉对象,你知道自己不会一下子就改好,但是你愿意去改变,希望他们能够对你有耐心。当他们知道你愿意作出改变,便会感受到你的道歉很真诚,因而愿意立刻原谅你,而不需要等到改变真正发生之后。

"我会道歉,但可没打算改变"

如果你认为自己的行为没有道德错误,或者仅仅是无心之过,那么你很难自愿改变。克雷格天生是个爱开玩笑的人,他和蔼、开朗,谈吐幽默。问题是他讲的很多笑话都有伤风化,这让妻子贝蒂很生气,也很尴尬。对此克雷格会说:"嗨! 嗨! 那些可不是低级笑话,大家都这么认为,所以我总能逗大家笑。"然而,贝蒂却笑不出来。于是,开这种玩笑成了他们婚姻中的一个大问题。

　　克雷格愿意说："对不起，我让你生气了。我不是有意伤害你的。"却不愿意说："我以后不再开这种玩笑了。"

　　在我的办公室，克雷格为自己辩护说："别人都不觉得我的笑话令人不快。"但通过调查，我们发现他的说法并不属实。很多人——尤其是他的女同事——都觉得他的笑话令人不快，只不过没和他计较而已。

　　几周后，当我把这个情况告诉克雷格时，他的想法发生了变化。然而，克雷格本不应该等到此时才悔改。当他的行为深深地伤害妻子，并在二人之间造成了巨大的情感障碍时，就应当做出改变了。正是由于不愿意悔改，他的婚姻走到了离婚的边缘。当克雷格意识到自己要么改变，要么离婚的时候，就愿意改变了。不过这些都是 14 年前的旧事了。现在克雷格和贝蒂的婚姻很牢固，他们还是婚姻辅导小组的负责人呢！

　　有人认为，人们只有在犯了道德上的错误时才需要做出改变。这一观点是不正确的。在健康的婚姻里，我们所做出的改变通常与道德层面毫不相干，而与建构一个和谐的婚姻关系息息相关。就拿我来说，我不喜欢打扫地板，但还是会定期做。当发现卡罗琳的主要爱语是服务的行动时，我后悔自己以前没能满足她的需求。打扫地板恰恰是她十分赏识的示爱方式。

　　除尘本身并非道德问题，却是婚姻问题，它能使妻子感到被爱或不被爱。我喜欢常常让妻子感受到幸福，而小小的一个悔改，就能让妻子无比幸福。这个代价实在是微小且值得付出的。

超越言语——实现真正的改变

　　悔改的第二步是做出改变的计划。道歉之后没有使关系恢复到以前的状态，常常是因为没有做出积极改变的具体计划。简和克莱德最近在庆祝银婚纪念日，但是简承认 25 年后的今天，他们的婚姻已经没什么意思了。"他酗酒，酒后还虐待我。他经常为自己伤害我的做法道歉，但是我们俩都心知肚明：他的话确实出于真诚，但他的道歉没有任何承诺，也没有要做出改变的计划。只是说说而已，根本不会有真正的改变。"

能彻底改变他们的生活方式和婚姻状况的一个计划，是克莱德到附近的治疗中心戒酒。但是目前克莱德不愿意制定戒酒的计划，所以，他现在仍徘徊在那条后果不堪设想的老路上。

另一个做妻子的说："我丈夫在外边玩女人后常会给我送花、道歉，可问题是，他从来就不做出任何改变。后来，我厌倦了他没有诚意的道歉，把他的花扔到他的脸上，跟他离了婚。到现在已经 10 年了。"

"他是个好男人，我不想失去他"

我在新奥尔良做完关于《爱的五种语言》的讲座之后，遇见了里克和丽塔。里克告诉我："我们的婚姻有些问题。"一年前，里克阅读了《爱的五种语言》这本书后，意识到自己爱的语言是身体的接触和精心的时刻。他把这告诉了丽塔，并认为如果她使用他的爱之语，会对他们的婚姻有益。

"那时，我真的感觉她不再爱我了。"里克这样说的时候，丽塔就站在他身边。"她把所有的时间都花在她妈妈和朋友身上。我觉得她倒更像是嫁给了她们，而不是嫁给了我。那时，她告诉我她很抱歉，还说她非常爱我，不想伤害我，从今以后会尝试说我的爱语。但是此后什么都没有改变。事情到此为止，如同那次对话根本不曾发生过一样。

"一年后的今天，我还是没有被爱的感觉。我觉得她不在乎我，也不在乎我们的婚姻。"

我看了看站在他身旁的丽塔。"我真的爱他。"她说，"只是我不是在一个'习惯身体接触'的家庭里长大的。我喜欢和他在一起,但是我要做全职工作,而且我妈妈也很需要我,我还喜欢每周和女性朋友们至少聚上一晚。时间就这样不知不觉地过去了。"

"你真的想拥有一个美满的婚姻吗?"我问丽塔。

"当然是真的。他是个好男人,我不想失去他。"

接下来的 5 分钟,我为她如何学习使用身体接触这种爱的语言制定了一个计划。然后,又说了一下我对精心时刻的看法。我让她每周一、三、五给里克 15 分钟的时间,两人坐下来谈谈他们一天过得怎么样,事情进展如何。我告诉她,她会在《爱的五种语言》这本书中找到关于精心时刻这种爱的语言的讲解,并敦促她再读一读那一章。

这次谈话很简短,如果不是因为 6 个月后寄来的一封信,我都记不起来了。里克在信中写道:"查普曼博士,您能够在新奥尔良的讲座后腾出时间与我和丽塔谈话,让我感激不尽。那次谈话使我和丽塔之间发生了天翻地覆的变化。丽塔很认真地执行了您给她定的计划。现在她已经能够极其熟练地使用我的爱语了。我现在是一个很幸福的男人。我写这封信就是想让您知道:您改变了我们的婚姻。"丽塔一旦做出计划就立即将其付诸实践。她以前也想满足里克的要求,但是并没有做具体的计划,也没有实际行动。计划不必复杂,但必须具体。

"他是这么真诚,我禁不住哭了"

有时,被冒犯的一方能够帮你制定出一个改变的计划。在我们为这本书做调研的过程中,我(詹妮弗)给几个女性做了一次关于《爱的五种语言》的讲座。几周后,我接到了克莱拉的电话,她参加了那次讲座。她告诉了我她的故事:"我丈夫切特是个特别好的父亲,但是人人都有过火的时候。一天晚上,他由于自己的愤怒和沮丧,严厉地训斥了我们 4 岁的儿子。儿子正好撞在他的枪口上了。切特并没有打儿子,但是他的暴跳如雷着实吓坏了儿子。我当时特别生气,于是对他说，如果他再那样对待任何一个孩子的话，我就离开他。"

克莱拉和丈夫其实早已说好不再用离开来威胁对方，可当时她对他的行为实在气愤，又感到沮丧。"我害怕过那种不得不保护自己的儿子，让他免受父亲伤害的生活。"她诉说着心声。

"我告诉切特他需要向我道歉。他就说了声'对不起'，紧接着就数落儿子如何惹他生气。我们俩这样纠缠了30多分钟，我的心情并没因他的道歉解释变得舒服起来。"而后，克莱拉提到她在关于道歉的讲座上的收获，并建议将其中的一些观点付诸实践。虽然切特说了他很抱歉，但是克莱拉一点都感受不到他的真诚。

"我需要他明白，他在愤怒中惩罚孩子是百分之百错误和不负责任的；我需要他明白，他的行为吓到了我，也吓到了儿子。我需要他保证这样的事情不再发生。我需要知道他会全力以赴地改变自己。

"如果我不知道道歉的语言，我本来会接受他最初无力的道歉，然后带着生气和受伤的感觉走开。我们亲密的婚姻关系则会因此受到削弱。可事情恰恰相反。我知道我想要些什么，而他满足了这些需求。他彻底地忏悔并承认自己错了。"

他们两个人共同研究出了一个改变计划。第二天早上，切特向她道了歉。"他是那么真诚，我禁不住哭了。泪水释放了我心里的伤害和愤怒。结果，我们的关系比以前更亲密了。他也向儿子道了歉。儿子告诉他说：'爸爸，我真的吓坏了。'切特听了这话肝肠寸断，问儿子：'你愿意原谅爸爸吗？'儿子回答：'我愿意。'然后切特说：'我以后再也不那样了。'"

克莱拉告诉我，他们共同制定的计划是：如果切特感到自己快要冲孩子发火了，就去找她，告诉她："我要被孩子们激怒了。你能替我管一下吗？"然后，他就去附近转转，回来后再尽量帮她做些力所能及的家务。"到现在为止，这个计划还是很管用的。"克莱拉说。

夫妻俩若能互相帮助，共同制定出一个计划，改正让对方生厌的行为，是再理想不过的了。

把它写下来

悔改的第三步是执行计划。得不到执行的计划如同没有播撒的种子。让计划得以实行需要付诸思考和行动。我（盖瑞）常常发现，把改变的计划写在记事卡上，贴在卫生间的镜子上，让我早上刮脸的时候就能看到，这种方法能够提醒我，对我很有帮助。只有清楚地知道今天要以不同的方式做哪些事，我才有可能照着去做。

把计划写下来也可以使计划变得具体、详细而非概括、笼统。比如说，"我将努力不把自己的不良情绪怪罪在她头上"是一个笼统的计划，而更为详细、具体的计划是"我会尽量在句子开头使用'我'而不是'你'"。例如，要说"我感到生气"而不是"你惹我生气了"。这样的计划更有可能得到贯彻，因为它更具体，更便于操作。贯彻执行计划能够向被冒犯方证明你道歉的诚意。

小改变带来大不同

乔尔的妻子乔伊斯喜欢争论。乔尔觉得几乎妻子说的每一句话都是在否定他，而无论他说什么，她都不同意。在咨询过程中，我很明显地看出，对于乔伊斯来说，世界是黑白分明的，一件事非好即坏、非对即错。因此，如果她不赞同乔尔的看法，就觉得他是错的。我花了一些时间向她解释，才使她明白道德上的错误与仅仅做法或看法不同之间的区别。生活中的很多事情都属于非道德范畴，不适合用对或错来判断。人们洗车、粉刷房子或修剪草坪的方式并不是道德问题，重要的是在不同意对方的观点时，不要谴责对方。

在现实生活中，人们对事物的认知见仁见智。当乔伊斯认识到自己的说话模式让丈夫听起来像是审判，而且深深地伤害了他并影响了他们的夫妻关系时，她愿意进行探索，改变自己的沟通模式。

乔伊斯制定出一个计划：如果她不同意乔尔的看法，仍要先肯定他，然后再说出自己的观点。下面是三个她可以尝试使用的说法：

1. "这么看问题很有意思。"
2. "这一点我能够理解。"
3. "关于这个想法，我最喜欢的是……"

乔伊斯同意在被问及自己的想法时，使用"我对此事的理解是……"开始发表意见。乔尔认为这个计划对他意义很大，他很感激乔伊斯为了尊重他的想法所做出的努力。

接下来的那一周，乔伊斯感受到这个计划实施起来的确有难度。"我猜想是因为这么长时间以来，我已经形成惯性了，所以很难一下子改变自己的思维和说话方式。"她说，"然而三四天之后，我开始发生转变，也立刻看到了乔尔的反应随之有多么不同。我想，是他脸上的笑容以及知道他对我的努力感到满意，激励着我继续坚持执行计划。"

乔伊斯把那三个肯定性的说法写在了记事卡上，每天都会读上几遍。"那个记事卡片真的很管用，"她补充说，"我从来就没想到这么小的改变能让我们的关系变得如此不同。"

改变的代价

有时，实施改变计划需要付出很大的代价。卡罗琳来找我做咨询，想让我帮助她治疗抑郁，解决感到被背叛的问题。她在22岁的时候嫁给了与她同龄、相貌英俊的职业运动员克里斯。第一个孩子出生后不久，丈夫和一个更年轻的女人有了外遇。在卡罗琳的追问下，克里斯承认了自己的不正当行径，并表示要挽救婚姻。

　　在咨询过程中，我和卡罗琳讨论了她愿意为重建婚姻关系做出努力的前提条件——不但要听到克里斯为自己的错误行为道歉，还需要听到他愿意从此改变自己的生活方式。

　　终于，克里斯有了巨大的改变。他放弃了职业运动生涯，接受了一份办公室的工作，借以避免受到诱惑。除此之外，他还把自己的行踪告诉卡罗琳，并允许她查看自己的手机和电子邮件，以此来重建妻子对他的信任。

　　卡罗琳需要知道过去的事情不再重演，而克里斯做出这样的承诺则是为了重新获得妻子的信任。于是卡罗琳原谅了克里斯，5 年后的今天，他们拥有一桩坚固的婚姻。

　　"起初，我无法相信克里斯能为我做出这么大的改变。我并没打算让他放弃运动生涯，但是他的行动给了我实实在在的、有力的证明。我从来没有怀疑过他的诚意和承诺，因为我感到他真的很爱我。"

　　当涉及重大问题时，计划需要作出重大调整；而面对微小的细节，仅需要作出微小的改变。为了庆祝一个特别的结婚周年纪念日，大卫打算不在家里庆祝，而是在外面找个好地方度过那一天。于是他预订了一个酒店房间。谁知那里恰好要承办一场婚礼，所以酒店想把他们调到别的房间去。"大卫开始和我讨论要不要换地方。"安娜回忆说，"然后没等我表态，他就开始做其他的安排了。不用说，我自然不大高兴。"

　　使安娜生气的不是改换地点，而是丈夫的自作主张。所幸，大卫意识到了自己的错误并道了歉。"大卫很快就注意到了我不大高兴，并为没先征求我的意见而道歉。然后，他给酒店回了电话，仍然预订那个地方，只是将时间往后推迟了一个月。"虽然这个计划的改变不像乔伊斯改变说话方式或者克里斯放弃职业生涯那么大，但结果是相同的：夫妻关系得到了改善。

　　安娜接受了大卫做出改变的愿望："我们离开家的那段时间都很开心。"大卫表现出了真正的悔改。他愿意做出让步，换一种方式思考。他将改变进行到底的做法让安娜感到了他的真诚。

简和葆拉是高中时代的好友，毕业后她们又考上了同一所大学，于是两人决定做室友。高中时，她们一直保持着亲密、和谐的友谊。上了大学后，简比较爱交际，整天忙于参加各种各样的活动。相反，葆拉比较内向，希望简能多在宿舍里陪陪她。简注意到葆拉除了上课之外几乎不怎么外出，所以就邀请她一起参加每周一次的朋友聚会，还邀请她一起去健身。葆拉总是不等简说完就找理由拒绝她，可是在心里却越来越憎恨简丰富多彩的社交生活。

一天傍晚，葆拉再也掩饰不住自己的怨恨。盛怒之下，她指责简冷漠、自私、没有同情心，让人无法接近，是个糟糕的朋友和室友。葆拉的发泄深深地伤害了简，为此两个人好几天都没怎么说话。好在葆拉认识到，把自己的寂寞怪罪到简的头上是不公平的。于是她为自己的那些刻薄话向简道了歉。

简考虑到二人同处一室，抬头不见低头见，为了和睦相处，她想接受葆拉的道歉。但是简想：葆拉已经向我爆发了一次，要是以后她总这么做该怎么办呢？她必须有一个改变的计划，我才能接受她的道歉。她们经过讨论，最后达成了一致的预防措施：葆拉或者与简一起去交朋友，或者找其他方法交些新朋友。如果任何一人感到对对方失望，就在愤怒爆发之前一起来讨论。最后，两人同意计划一起做些有意思的事情——就像过去一样。

要是我们失败了怎么办

实施一项建设性的改变计划并不意味着会马上取得成功。在这一过程中，即使我们认真努力，也会常常遇到挫败，但我们不应该被这些挫折打倒。

朗达和杰夫结婚已经 4 年了。她描述了婚后不久发生的事："我们结婚 9 个月的时候，杰夫失业了，这意味着我们失去了一半的收入。此后的九个半月里，他都没有找到工作，所以情绪很低落。在这期间，他总威胁说要离开我。我知道他心情沮丧，所以尽量不去责备他，但是他的话深深地伤害了我。过后，他为此向我道歉，说他知道那种想法很傻，他很抱歉，他会努力不再说那样的话。

"但是过了大约一个月，他又在发火的时候说：'你跟着我也没什么好处，我倒不如离开算了。'这让我心中产生了很大的不安全感，我告诉他我受到了很深的伤害。第二天，他又向我道歉，说他只是心情不好、瞧不起自己而已，事情并不是我的错。他让我为他祷告，希望自己不再说离开的话。

"此后的 3 年一直到现在，他都没再说过那样的话。现在他有一份很好的工作，我们的日子过得很好。我很高兴自己没在他失意的时候放弃他。他是位了不起的丈夫。"

很显然，朗达看出杰夫在努力挽救他们的婚姻，所以没有在他第一次道歉后又失败的情况下离开他。不过，她的确正视了他的失败，跟他谈这件事。杰夫愿意再次道歉并努力尝试改变。其实，一两次挫败并不意味着你的改变计划彻底失败了。关键是愿意承认你的失败，跌倒了再爬起来，重新尝试。

"真不敢相信我说了这样的话"

如果你能够尽快承认自己的失败——尤其是在被冒犯者找上门来之前，效果会更好。迅速道歉表明你想要改变的努力是真诚的。我在西雅图的一次婚姻研讨会上遇到了朱蒂，她填写了一份我们关于道歉的调查问卷，并与我分享了她的故事："我丈夫史蒂夫不止一次地在别人面前批评我的恐高，这实在伤害了我。他在我们结婚之前就知道我恐高，但是那时候他好像不觉得这有什么不妥。我就此找他谈话，告诉他这样做很伤人，请他以后不要再提此事；而且我愿意就此事去做咨询，看看能不能有所帮助。但他如果能不再提及此事的话，我会很感激。他向我道了歉，并表示从此之后再也不提这件事了。"

两个月后，他们俩在大峡谷度假。史蒂夫站在离峡谷边缘非常近的地方俯瞰大峡谷，并让朱蒂也上来。见朱蒂不肯上去，他随口说道："想想，我们可是坐着飞机来到这里的。现在只不过是站在一块石头上而已。飞机飞得可比这高多了。你不会有事的。来吧。"

还没等朱蒂回答，史蒂夫就意识到自己说错了话，马上更正说："我又犯老毛病了！真不敢相信我说了这样的话！"

史蒂夫在朱蒂做出任何反应之前就承认错误，表示道歉，这一点给朱蒂留下很深的印象。"他的话是那么真诚，于是我彻底原谅了他。"史蒂夫愿意承认自己的失败并再次道歉，这强有力地向朱蒂证明了他在真心努力改变。

如果不承认自己的错误，那么向配偶传达的信息是我们的道歉缺乏诚意。由于害羞和尴尬，我们常常不肯承认自己的失败。但是，最好的做法是立刻承认我们的旧病复发。

跌倒了，再爬起来

如果在改变的过程中"重蹈覆辙"，就必须尽快承认自己的失败。然后站起来，继续努力。这就是匿名戒酒会（Alcoholics Anonymous）在帮助人们戒除酒瘾方面一直很成功的原因之一。这个戒酒会有 12 个戒酒步骤，其中之一就是"向自己、向他人承认自己错误行为的实质"。承认错误，并向上帝或另一个可以信任的人忏悔，这需要谦卑和诚实，但它同时带来了重新开始的机会。

几周前，我陪 6 岁的孙女玩耍。她想用塑料拼装玩具（Legos）搭建一个造型。可是每次搭到某个连接处的时候，造型就会倒塌。我看出孙女感到很沮丧，就对她说："让我告诉你我妈妈告诉我的话吧：'如果你不能一次成功，那就尝试、再尝试。'你明白那是什么意思吗？"她点了点头，继续她的工程。

那天晚些时候，我想打开一个腌菜坛子，费了好大的劲儿都没打开。孙女仰头望着我说："如果你不能一次成功，那就尝试、再尝试。"我听了大笑，她也笑了。我又试了一次，终于打开了坛子盖。不断尝试而不轻言放弃，这是个值得学习的重要道理。

伟大的发明家托马斯·爱迪生失败了很多次才成功地发明了电灯泡。棒球明星贝布·鲁思（Babe Ruth）被三振出局的次数远比他击出本垒打的次数多得多。著名自行车运动员兰斯·阿姆斯特朗（Lance Armstrong）首次参加比赛时，在参赛的 111 名选手中排名最后；但是 2005 年退出职业比赛的时候，他已经七次蝉联环法自行车比赛的冠军，名字被载入了史册。人们经常在成功近在咫尺的时候放弃，这实在是个悲剧。虽然旧的行为方式不能很快就彻底改掉，但是只要我们继续坚持改变，总有一天会成功。

安妮的宣告

在婚后 10 年的一天晚上，安妮告诉丈夫鲍勃说她感觉他不爱她。"我不知道应该怎么说，这种感觉已经有一段时间了，我觉得你不是真的爱我，而是希望要是没和我结婚该多好。这样的感觉可不好，而且我知道这影响了我对待你的方式。我们可以谈谈这件事吗？"

鲍勃闻言非常震惊，但他还是欣然接受并珍惜这次消除误会的机会。安妮接下来的话很清楚地表明，鲍勃那些赞扬她的话已经被经常的批评所代替……而且他也已经很久没说"我爱你"了。

鲍勃先称赞了她一番，然后说："我的确爱你。我不知道你想让我每天都这么说。"随后，他们同意去做咨询。

他们来到我的办公室不久，我就发现了安妮的主要爱语是肯定的言词，而鲍勃不再称赞她使得她觉得不再被爱。更糟糕的是，鲍勃还批评了她几次——至少她是这样认为的。当鲍勃明白了事情的原委后，承认自己在过去的几个月里有些过度挑剔。

"我工作上的压力一直很大，我想自己是拿她来出气了。我不知道给她造成了这么消极的影响，更不知道她竟会感觉我不爱她了。"鲍勃说。

鲍勃的努力

鲍勃欣然向安妮道歉，同时我们一起制定了一个改变鲍勃行为的计划。他所有的刻薄话几乎都是在晚上回家后的头 15 分钟里说的。他看见一些没做完的家务，就会说三道四，或者对孩子的行为表现出沮丧。安妮正在忙着准备晚饭，听了这些挑剔的话自然感到很伤心。她建议鲍勃把他的沮丧话留在晚些时候再说出来，那时，他们可以心平气和地坐下来好好谈谈。鲍勃提出，他会在刚回到家的时候，多给妻子一些肯定的话语，并在她准备晚饭的时候帮着照顾孩子。安妮说："那可太好了。"

两周以后鲍勃告诉我："我没想到做这件事情会这么难。我猜想，大概是我没意识到自己太习以为常了吧。第一天晚上回到家后，我告诉安妮，我是多么感激她在家里所做的一切，并为过去那么挑剔、把她的努力看作理所当然而感到抱歉。她笑了，告诉我她很感激，并亲吻了我。那个夜晚很美好。

"然而，第二天晚上我一进家门就开始抱怨：'托尼怎么自己在院子里玩呢？他才两岁，不应该一个人出去。邻居家的狗正在舔他的脸呢。'安妮回答说：'我不知道他在外边。'

"你怎么能说不知道他在外边？你都在干什么呢？ 我问她。

"于是我们不分青红皂白就激烈地争论起来，那个晚上过得很痛苦。"

鲍勃再次努力

"接下来的两个晚上,我一句话也没有跟她说——不管是好话还是坏话。"鲍勃继续说道,"我想自己是受到打击了,觉得这个时候对她说肯定的话好像很虚伪。第二天上班的时候,我一直在想这件事,并意识到:如果我在工作中错过一次销售的机会,我不会因此就放弃顾客,而是会继续培养跟顾客的友谊,努力做成交易。那么我为什么要放弃改善自己的婚姻呢?于是当天晚上回到家后,我就告诉安妮我很爱她,并为前两个晚上保持沉默而抱歉。我已经认真思考过了,真的想让她知道我有多爱她,所以我不会放弃改变自己行为的努力。她听了我的话显得挺开心,但是并没有表现出过度的兴奋。

"此后,在下班回家的路上,我会在离家还有一个街区远的地方停下来,问自己:'我到家后要对她说哪些肯定的话呢?'这听起来可能有些做作,但是这样做能让我集中精力思考。到目前为止,我还是做得挺好的。我想本周我只犯了一次老毛病。"他微笑着说。

"而且那次的情形并不是很糟糕。"安妮说,脸上也带着微笑。

一个月以后,我又看到了鲍勃和安妮,发现事情进展得特别好。"现在完全不同了。"安妮说,"我感受得到他的爱。我知道他真的在很努力地改变自己,说我的主要爱语,他做得很成功。我并不是说他很完美,我也不完美,但是我真心感激他做出的改变。我很欣赏他现在和我说话的方式,我们现在已经可以一起解决一些过去烦扰他的事情了。我认为,我们在婚姻上的进步真的很大。"鲍勃再次尝试改变的努力终于获得了成功。

多数人在接受道歉后并不指望对方变得完美,但确实希望看到对方的努力。当配偶在一次失败后就放弃努力,回到原来的行为模式中的时候,他(她)之前的道歉会被视为不真诚。道歉者在道歉时可能是真诚的,但是不能成功悔改让道歉变得毫无意义。这一点对于那些主要道歉语言是悔改的人来说尤为如此。

因此，向这些人道歉时，表达你愿意改变的态度并制定出相应的计划，就成为道歉中很重要的一部分。邀请被冒犯的人帮助你制定改变计划，也许是表现悔改的最好方式。为此，你也许会用到下面列出的一些说法。

真诚悔改的话应当怎么说

- 我知道自己的行为给你带来痛苦，我再也不会那么做了。我会积极听取你关于我应该如何改变的任何想法。
- 我应该如何换一种说法，才会让你觉得我不是在批评你呢？
- 我知道我的做法于事无补。你觉得我怎么改变才会让你感觉好一些呢？
- 我真的很想改变。虽然我不会变得完美无缺，但是我真的想改变这种行为。你愿意在我旧病复发的时候提醒我吗？我想一句"你又犯了"会让我停下来并改变方向。
- 我又犯了同样的错误,让你失望了。我怎么做才能让你重新建立对我的信任呢？
- 我的老毛病实在是由来已久，我知道现在想要改变一定会很难,而且可能会失败,再次伤害到你。如果你能帮助我想出让我能够坚持改变的方法，并在觉得我做得好的时候鼓励我,我会很感激的。我可以在这件事情上信赖你,把你当成战友吗？

道歉的五种语言
The Five Languages
of
Apology

第六章

道歉语言之五：请求饶恕

道歉的五种语言

表达歉意——说"对不起！"

承认过错——说"我错了！"

弥补过失——拿出行动！

真诚悔改——说"我不会再那样了！"

请求饶恕——说"请原谅！"

数年前，詹妮弗的母亲在芝加哥一个环境很好的公司里上班，她和所有的同事相处得都很融洽。但是一天下午，一个同事告诉她说：她"从来不道歉"，这很恼人。

母亲听了，犹豫了一下，然后想起了一件自己犯了错误并影响到那个人的事。"我记得我已经及时道了歉，"母亲告诉詹妮弗说，"承担了责任，而且为引起的不便说'对不起'了。所以我就小心翼翼地问她想从我这里听到什么。"

"是这样，你从来没有请求我原谅你！"她的同事大声说道。

"原来是这样啊。我当然希望你能够原谅我，因为我珍惜我们的关系。那么让我现在来问你：请你原谅我，好吗？"

同事回答说："当然啦。"她们都笑了。两人的关系和好如初。

三月里一个阳光灿烂的日子，在父母家的厨房里，母亲给詹妮弗讲了上面的故事。她知道詹妮弗和查普曼博士正在写一本书，而詹妮弗在此之前已经向她解释了关于道歉语言的观点。想起她的同事，母亲补充说："所以我猜想，她是在教我说她的道歉语言。"

"完全正确，妈妈。她的道歉语言是请求饶恕，她正是等你说出这句道歉的话。我很感激你跟我分享这个故事。那正是我们在研究中所发现的：人们对道歉的理解不尽相同。"

詹妮弗与母亲的对话让我想起几年前找我做咨询的一对夫妇。在婚姻进入第九个年头的时候，安吉妮发现丈夫马丁与一个叫布伦达的女同事产生了婚外情。她对他说："我知道你和布伦达有婚外情。我有目击证人，所以你没有必要否认。"她给了马丁一个选择：要么在一周之内从家里搬出去，要么断绝婚外情并同意去做咨询。"你不能同时拥有我们两个人。你自己来做选择吧。"

结果马丁选择了离开。但是不到一周他又回来了,说他想要挽救自己的婚姻,而且愿意断绝与布伦达的不正当关系。做了几周的咨询后,安吉妮对我说:"让我烦恼的是,马丁不愿意请求我原谅他。他说他很抱歉,而我确实相信他已经和布伦达断绝了来往。如果不相信这一点,我是不会愿意继续维系这段婚姻的。布伦达已经离开了公司,而且告诉我说她很高兴看到我们能继续维系婚姻。但是马丁就是不请求我原谅他。"

"你好像非强迫我说出那些话不可。"马丁回答道。

"我不强迫你做任何事情。"安吉妮说,"但是你好像不愿意承认自己的错误。"

"我说过我做错了。"马丁说。

"那么你为什么不请求我原谅你呢?"安吉妮说,"我愿意原谅你,我想要原谅你。但是如果你不想被原谅,我又怎么能原谅你呢?你给我的感觉是,你觉得自己没做错任何事情,因此根本不需要被原谅。这让我无法理解。"

"我知道自己做错了。只是请求你原谅我实在难以启齿。"马丁摇着头,泪水在眼睛里打转,"我不知道为什么会这么难!"

很明显,安吉妮的主要道歉语言是请求饶恕。她想听到的是:"请你原谅我,好吗?"对于她来说,那才是真诚的道歉。她愿意原谅他,也想去原谅他,但是她需要看到马丁已经认识到了道歉的必要性。

同样明显,马丁很难说出请求原谅的话。他觉得那是一种他不习惯使用的语言。

在调研中我们发现,现实生活中有许许多多和安吉妮一样的人。当被问及"你希望在道歉中听到什么?"的时候,每五个人中就有一个人(占 20%)的回答是"我希望他(她)请求我的原谅"。在他们看来,那才是表明道歉诚意的魔力之言。

那么,为什么请求原谅对于一些人来说如此重要,对于另一些人(比如马丁)却很难说出口呢?

为什么要寻求饶恕

为什么请求原谅这么重要呢？下面是我们的答案。

第一，请求原谅表明你希望与受伤害者的关系完全恢复。朗和南茜结婚已经 15 年了，朗表示自己的主要道歉语言是请求饶恕。"当她请求我的原谅时，我就知道她不是想让事情不了了之，而是期望让我们的关系真实可信。只要她在道歉时能请求我的原谅，我就知道她是完全真诚的，其他言语则毫无意义。这正是她使我能够很容易原谅她的原因。我知道她在乎我们的关系，把它看得超过一切。那让我感觉真的很好。"

冒犯一旦发生，就会立即在两人之间形成一道情感障碍。只有清除这个障碍，二人的关系才能得到进一步的发展。道歉的目的就是消除这个障碍。如果你发现对方的主要道歉语言是请求饶恕，那么消除障碍的最好方法就非此莫属了。对于被冒犯者来说，这么做表明你真心希望彼此关系得以恢复。

第二，请求原谅说明你意识到自己做错了事情，你有意或无意间冒犯了对方。你的言行在道德层面不一定有错，也许只是在开玩笑，但是伤害了对方，使他（她）对你有意见。既然冒犯造成了你们之间的不和，那么从这个意义上讲，这一行为是错误的，因此，请求原谅也就是情理之中的了。如果对方的道歉语言恰好是请求饶恕，你就更需要那么做了。请求饶恕是承认自己的内疚感，表明你知道自己应该受到谴责或者惩罚。

我是在图森碰到阿尔玛的。她填写了我们的一份调查问卷，之后我们攀谈起来。"你怎么能知道鲍勃的道歉是否真诚呢？"我问。"当他说'请你原谅我，好吗？'的时候。"阿尔玛答道，"在我看来，说'对不起'并没有承认内疚感。我两岁的儿子总是说'对不起'，但是当我让他说'请原谅我'的时候,他则会睁大眼睛,憋着不说话。请求原谅是在承认内疚感,这个道理连两岁的孩子都懂。"

第三,请求原谅表明你愿意把你们的关系如何发展交给那个被冒犯的人来决定。你承认了自己的错误,表达了歉意,也许还提出进行补偿。但是现在你是在问对方:"你能原谅我吗?"这个问题你无法替对方来回答。原谅还是不原谅,这个决定必须由对方自己来做。而你们的关系将如何发展就取决于这个决定。于是你失去了对事情的控制权。对于一些人来说,交出控制权是他们很难接受的事。

我们害怕什么

对于那些有很强控制欲的人来说,请求饶恕尤为困难。还记得马丁对安吉妮说出"请你原谅我,好吗?"这句话是多么困难吗?马丁的性格测试结果显示,他在控制欲这一项上的得分很高。这意味着如果无法控制事态,他就会感到极度不舒服。请求安吉妮的原谅就是放弃自己的控制权,把关系如何发展交给她来决定。于是潜意识里,他觉得很难这么做。

终于,马丁认识到,一个健康的人应该了解并接纳自己的个性,但是不能任由它伤害与别人的关系。①于是,他能够对安吉妮说出"请你原谅我,好吗?"这句话了。安吉妮则眼含热泪,拥抱他道:"好的!"当他说出她的主要道歉语时,他们的关系得到了恢复。

很多人害怕被拒绝,这是很难请求他人原谅的又一个原因。害怕被拒绝是人之常情。得克萨斯州奥斯汀市圣爱德华大学的学者、《不留遗憾》(*No Regret*) 的作者汉密尔顿·比兹利(Hamilton Beazley)说:"道歉就是承认自己犯了错误,我们并不愿意那么做……那样做使我

---

① 对于那些控制欲很强的人来说,可能需要局外人的帮助,才能够学会各种道歉语言。这里所说的局外人包括:心理咨询师或者可以坦诚相待的朋友等。

们很容易受到伤害，因为我们在请求只有对方才能够给予的原谅，而我们很可能被拒绝。"

没有人喜欢被拒绝，有些人甚至无法容忍被拒绝。请求饶恕对这些人来说比登天还难，因为他们知道接受或拒绝的权力完全掌握在对方手中，而结果很可能就是拒绝。

我们给这种人的建议就是承认自己的恐惧，但是不要被恐惧左右。可以尝试这样说服自己："我知道我最大的恐惧是担心被拒绝。我也知道我给我们的关系带来了麻烦，而消除障碍的唯一方法就是真诚地道歉。因此，如果请求原谅是对方的道歉语言，那么我会克服我的恐惧，说出'请你原谅我，好吗？'。"成熟的人能认识到自己的恐惧，同时拒绝被恐惧所支配。如果珍视一段关系，他们会愿意抵制自己的恐惧心理，采取必要措施来修复关系。

第三种妨碍人们请求饶恕的恐惧是害怕失败。这样的人一般都有很分明的道德界线，认为"做得正确"就等同于做了好事或者取得成功。于是他们毕生都在努力做正确的事情。如果承认错误，就是承认"我是个失败者"。他们最大的恐惧恰恰就是对失败的恐惧。承认在人际关系中犯了错误似乎是在承认自己失败了。因此，他们难以承认自己的错误。他们的反应通常是与对方进行激烈的争论，坚持自己的做法没有错。他们会说："那么做可能伤害到了你，那么做可能冒犯了你，但你误会了，我可不是那个意思。"

有时他们为自己做辩解的方式本身比最初的冒犯行为更伤人，但是他们看不到这一点。他们会争辩说："我只不过想让你明白事情的真相而已。"这种人几乎从来都不道歉。在调研中，我们毫不惊奇地发现有很多人说"我的配偶几乎从来都不道歉"。一位丈夫说："她太顽固了，从来不道歉。我们结婚已经 10 年了，我从来没见她和我道过一次歉。"一位妻子说："我不知道是不是男性的骄傲在作祟，除非我跟他打几天冷战，否则他就是不道歉。和承认自己错了相比，他倒是更愿意让我俩都这么痛苦着。"

这种人需要明白，惧怕失败（例如，惧怕被拒绝），是人类最普遍的恐惧之一！消除这种恐惧的第一步是要承认这种恐惧。我们可以先告诉自己：

> "害怕失败是我难以启齿道歉的原因。但是我知道没有人是完美的，包括我自己。有时我的言行会伤害配偶或朋友，损害我们的关系。修复关系的唯一办法就是道歉。所以尽管我有恐惧，也要学会道歉。我明白每个人都会犯错误，都会说错话，做错事，冒犯别人，但那并不意味着我很失败。承认错误不等于我是一个失败者，而是会帮助我恢复与别人的关系。因此，我会克服自己的恐惧去道歉。我会承认自己错了并请求对方的原谅。"

如此劝导自己，能使你成为一个出色的道歉者，拥有健康的个性。

为什么请求饶恕这么难

1. 害怕失去控制。如果无法控制事态，一些人会感到很不舒服。请求他人的饶恕意味着放弃自己的控制权，把关系如何发展交给对方来决定。于是潜意识里，你会觉得很难开口道歉。

2. 害怕被拒绝。当你请求饶恕的时候，对方可能会拒绝你的请求。这会让你觉得整个人都被拒绝，而有些人最大的恐惧就是被拒绝。

3. 害怕失败。承认错误如同承认你做人失败或者没能坚守你的道德信仰。对那些害怕失败的人而言，承认错误就等于说："我是个失败者。"

有一次，我（詹妮弗）作为查普曼博士"幸福婚姻加油站"的客座讲员，阐述了道歉的五种语言，并指出每个人都有一种主要的道歉语言。在讲座的最后，我请听众自由提问。拉娜马上举起了手：

"当您解释那几种道歉语言的时候，我心里说：'那说的就是我们啊！'我丈夫经常说'对不起'，他认为这就是道歉。但是我会说：'你这不能算道歉，你根本没有认错。'

"听了您的讲座，我意识到我和丈夫一直都在使用不同的道歉语言。他说'对不起'的时候，我并没有把那当回事儿。我需要他说：'你能原谅我吗？'因为只有那样，我才会觉得他承认了自己的错误并请求我的饶恕。这样我比较容易原谅他，让事情过去。在今晚以前，好像只要我们有一方受到伤害，就会从此没完没了。我们不断讨论，然后努力道歉，但是问题似乎从来都没有得到真正解决。过后他会说：'哎呀，我都说过对不起了。你为什么还纠缠不休呢？你为什么就不能把这事放下呢？'我不知道为什么就是不能就此罢休，总觉得少了点儿什么。现在我终于明白了！真高兴我们来参加了您今晚的讲座。"

拉娜的回应让我很受鼓舞。我相信这本书能让许多夫妻学会如何有效地进行道歉。

应当请求，而不是要求

要冒犯者请求原谅可能很困难，但有时他们同样难以意识到：被冒犯者可能不会马上就原谅。

我（盖瑞）记得詹妮弗那天晚上做讲座的情形。听众的回应使我们深信我们的研究是有意义的。请求原谅和要求原谅之间有莫大的区别。在研究过程中，我们不断碰到这样一些人，他们希望甚至要求被冒犯方忘记被冒犯的经过，继续过日子。一位妻子曾说："我现在还记得那些话。在我们25年的婚姻里，我已经听过上百遍了。他坚持说：'我说过对不起了。你还想怎么样？'我只是希望哪怕有一次他能看着我的眼睛说：'请你原谅我，好吗？'他要求我原谅他，但是他从来都不道歉，而且从没做出过任何改变。"

虽然没有机会和她的丈夫谈一谈，但是我有种很强烈的感觉：她的丈夫属于控制型性格，还有很强的"失败恐惧症"。要是这两种性格得到很好的处理，他们的婚姻关系就不会走到离婚的地步。

不要要求原谅。你不能要求得到它。如果你要求对方原谅你，你就忘却了原谅的实质。原谅在实质上是一种选择，选择放弃惩罚，让对方重新回到我们的生活中。原谅宽恕了冒犯的行为，这样我们才能重建信任。原谅是说："我在乎我们的关系。因此，我选择接受你的道歉，而不再要求公正。"原谅实质上是一件白白得来的礼物。如果是要求得到的东西，就不是白白得来的礼物了。

冒犯者要求别人原谅时，就如同那坐在宝座上的君王，因那被冒犯的人没有一颗宽恕的心而判他有罪。受冒犯者被你的行为伤害，感到愤怒，而你却让他因为没能原谅你而感到内疚。相反，当你请求对方饶恕，说"愿意原谅我吗？"的时候，你是在向他的宝座下跪，请求他原谅你的过错。如果他答应了你的请求，你便领受了他的怜悯、慈爱与恩惠。我们应当请求原谅，而永远别去要求原谅。

饶恕不是一件小事

你要明白，饶恕是件大事儿，而不是小事儿。被你冒犯的人可能要为此付出昂贵的代价。当他们原谅你时，必须放弃自己对公正的渴求。他们必须放下受到的伤害，放下心中的愤怒，放下尴尬和屈辱感，放下被排斥的感觉和遭到背叛的感觉。有时，他们还必须承受由你的错误行为造成的不良后果。

这些需要饶恕的东西可能是身体上的伤害，如性病、堕胎或者一夜情怀上私生子；也可能是情感上的伤害，如脑海中你怒发冲冠的样子、你躺在另一个情人怀里的样子，或者回响在耳旁的你的那些尖酸的话语。被你冒犯的那个人必须忍受这一切甚至更多的后果，还要为了原谅你而独自舔伤。你向他(她)请求的可不是一件小事。所以，你必须认真对待请求饶恕这件事，正如一句中国谚语所说："不做则已，做则做好。"

由于饶恕的代价很昂贵，所以别指望对方马上就会原谅你。如果你犯的是小错误且又说对了道歉语言，那么你也许会很快获得原谅。但是，如果你犯的是重大错误，而且一犯再犯的话，那么对方可能需要一些时间才能抚慰伤害和接受道歉；若他们的道歉语言是补偿和悔改，就更需要花一段时间才能确定你是不是真的做出补偿或真心悔改，并弃绝破坏性的行为。被冒犯者必须先确定你是否有诚意，这本身也需要时间。

为什么很难饶恕

1. 饶恕意味着需要被冒犯的人放弃寻求公正。对方可能认为冒犯者"罪有应得"或者不值得原谅。这可能是由于身体伤害或者被背叛感造成的(见第二点和第三点)。

2. 被冒犯者无法饶恕：不良后果将持续存在一段时间。当已经造成了堕胎或者性病等身体上的不良后果，或者大吵大闹、尖刻的话等在大脑中不断再现时，被冒犯者可能会很难饶恕。

3. 如果冒犯行为性质恶劣且一再重犯，被冒犯的人可能很难饶恕。饶恕可能需要冒犯者先做补偿或者悔改，当被冒犯者的主要道歉语言是其中之一时更是如此。

道歉者要获得原谅必须保持耐心。首先，要确保使用对方的主要爱语(参看第四章);其次,要尽全力改变行为。如果能够坚持这么做的话,到时候就有可能得到饶恕。

道歉时,在用其他的道歉语言表达过歉意之后,再在口头上请求饶恕,通常是打开原谅与和解之门的关键。被冒犯者可能正等着听你道歉中的某个元素。"请你原谅我,好吗?"能使他们相信你的诚意。如果不请求原谅,你的那些话("对不起。我错了。我会补偿你。我以后再也不会这么做了。")听起来就是为了让事情快点了结的敷衍之词。如果请求原谅是被冒犯者的主要道歉语言,而你又想诚恳致歉,那么你必须学会说这种语言。

下面这些说法能够帮助你学习使用请求饶恕这种道歉语言。

请求饶恕的话应当怎么说

- 我为自己对你说话的方式感到抱歉。我的声音很大、很刺耳，这样做很不对。你不该受到那样的对待。请你原谅我。

- 我知道我深深地伤害了你。你有理由不理我，但是我真的为自己的所作所为感到抱歉。希望你能够原谅我。

- 虽然我并不想伤害你，但是很显然我已经伤害到你了。现在我意识到这一点了。虽然我只是想玩得开心点儿，但是为了开心而伤害他人确实是不对的。我错了，今后再也不那么做了。我是否可以请你原谅我？

　　在第七章里，我们会给大家提一些问题，帮助你发现自己的主要道歉语言，同时我们还提供了一些思考题。我们相信，家人和朋友之间学会使用彼此的主要道歉语言，可以医治冒犯行为造成的伤害，恢复人际关系的和谐。

道歉的五种语言
The Five Languages
of
Apology

第七章
发现你自己的道歉语言

道歉的五种语言

表达歉意——说"对不起！"

承认过错——说"我错了！"

弥补过失——拿出行动！

真诚悔改——说"我不会再那样了！"

请求饶恕——说"请原谅！"

在前面的几章里，我们向大家介绍了道歉的五种语言——五种表达歉意的方式。其中的一种语言比其他四种能更深刻地向人们传递真诚。你可能喜欢听到所有五种道歉语言，但是如果听不到自己的主要道歉语言，就会质疑道歉者的诚意。相反，你会发现，如果歉意是用自己的主要道歉语言来表达的，自己更容易原谅冒犯者。

因此，发现你自己和亲朋好友的主要道歉语言是极其重要的。这能够使你更好地向别人表达歉意，也能够更好地接受别人的道歉。

明白道歉语言这个概念坚固了我（詹妮弗）自己的婚姻。我丈夫是一个理性的思考者。对他来说，辩论是家常便饭，做到正确无误非常重要。最近，我发现为了让他能深刻感受到我的懊悔，我的道歉中应该包含"我错了"这句话。他需要我承认过错。相反，对我来说，感受是最重要的。我需要他表达歉意，表示他在乎我的感受，即说"对不起"。如今，在结婚后的第 13 个年头，我们俩终于学会了使用对方的而不是自己的主要道歉语言，以缩短争吵的时间。

不同的道歉语言

我和盖瑞发现，我们在各自的婚姻中学习到的经验对于大多数婚姻都适用：丈夫和妻子的主要道歉语言不同，这通常导致他们的道歉不被接受。

在我研究对夫妻所做的道歉调查数据时，我对夫妻的主要道歉语言相吻合的程度做了个评估。结果发现，高达 75% 的夫妻偏好不同的道歉语言,而且令人惊讶的是,在上述夫妻中,一方的主要道歉语言是另一方的最后的选择的比率是15%。我们的数据表明,平均来讲,如果你用自己的主要道歉语言来向配偶道歉的话,你需要等到第三次道歉的时候才能撞上对方最喜爱的道歉语言。假设这个调查结果是准确的,那么就会有意味着75%的夫妻必须学会说对方的主要道歉语言。

鉴别自己道歉语言的三个问题

　　首先,我和詹妮弗想帮助你发现你自己的主要道歉语言,就是当你被冒犯的时候,最希望听到的那种语言。有些人能够马上知道自己的主要道歉语,另一些人就没那么容易了,例如俄亥俄州代顿的吉姆。吉姆说:"我不知道自己的主要道歉语言是什么,因为我妻子从来不道歉。她从不认为自己做错过事情,又何来道歉呢?我父亲也是这种观点。他说:'道歉没什么用。只要尽力而为,不要回头看。'所以,我想我也不怎么道歉。道歉对我来说是个新概念。但是我必须承认,我希望妻子能为她对我造成的伤害道歉。我从来就没想过她会正眼看别的男人,更不用说和他上床了。如果她不真诚地道歉,我们的婚姻肯定无可挽救了。"

　　吉姆的妻子曾经出轨,吉姆自然而然地抵制他父亲的观点,期望妻子为打破了婚姻誓言而向他道歉。我(盖瑞)问他,在他看来什么样的道歉是真心的。

　　"我想要她承认她做错了,而且向我保证以后再也不犯了。我想,要是我知道她以后不会再做那样的事的话,我是能够原谅她的。"

　　"我想,我们刚刚发现了你的主要道歉语言。"我说。

　　"是什么?"吉姆问道。

　　"真诚悔改。"我说,"我认为,如果你妻子只是说'我错了',而不向你做出她会改变自己行为的坚定承诺,你很难原谅她。但是,如果她真心地努力不再重犯,你就会原谅她。最重要的是,她不再继续婚外情。"

"正是如此。"他说,"我觉得只有那样我才能真正地原谅她。"

"我认为你的第二道歉语言是承认过错。她不为自己的行为找理由辩解对你来说很重要。"

"我不能接受任何辩解。她做的事不容辩解。"

问题1:我期望对方做什么或说什么?

我和吉姆的对话阐明了发现自己的主要道歉语言的一种方法。你可以问自己这个问题:我期望对方说什么或者做什么,才有可能真心地原谅他们呢?你可能会发现,你的答案包含了好几种道歉语言。

贾尼斯和比尔来到我办公室。他们之间发生了一个愈演愈烈的争论。事情是这样的。比尔忘了他们的结婚周年纪念日,也没有做什么特别的计划来庆祝。听他们双方各抒己见之后,我问贾尼斯:"比尔应该怎么说或者怎么做你才能原谅他呢?"

"我想要他说'对不起'。"她回答道,"我认为他不理解这件事对我的伤害有多深。我想要他承认自己错了。他怎么能忘了呢?如果他能够做些计划来补偿我的话,那就更好了。"

"你一共提到了三件事:你想要他道歉;承认他的行为是错误的;做点什么来补偿你。如果这三者之中你只能选一个的话,你会选哪一个呢?"

"我最想要的莫过于让他知道这件事对我的伤害有多深。我觉得他没意识到这一点。特别的日子对他不如对我那么重要。"

贾尼斯的主要道歉语言是表达歉意,这点我看得很清楚。她想听到比尔说:"我意识到我深深地伤害了你。我知道我们的结婚周年纪念日对你来说很重要。真不敢相信我竟然把这事给忘了。我真的很抱歉。"如果他能加上"我希望做些什么来补偿你"的话,那就稳操胜券了,她会从心里原谅他。

问题 2:这件事最伤我的是什么?

发现你的主要道歉语言的第二种方法是回答这个问题:这件事最伤我的是什么? 这个问题在冒犯者还没有做出任何道歉,或者道了歉你却感到不满意时尤其有帮助。凯文被弟弟格雷格深深伤害了。他们的关系一直都很好,既是兄弟又是朋友。6 个月前,格雷格从他的一个关系好的同事那儿得到一个金融方面的内部消息,于是进行了投资,结果那笔投资迅速增值。他把这个好消息告诉哥哥,但是让他吃惊的是,凯文非常生气:"我真不敢相信你居然没让我入伙! 我们可是兄弟啊! 你为什么不告诉我呢? "

"我不知道你想要投资啊。"格雷格回答。

"不知道我是不是想投资? 你这是什么意思? 谁都想在那样好的交易上投资! "凯文说。争吵愈演愈烈,兄弟俩三个星期都没再见面。之后,格雷格去给凯文道歉,但是凯文的反应不是很积极。他们又开始一起做事情了,但是他们俩之间隔上了一道墙,感觉和以前不一样了。我在观看一场棒球比赛时碰到了他们。他们看到我就走过来说:"你是个咨询师。也许你可以帮助我们解决我们的问题。"我听他们把情况说了一遍,然后问凯文:"这件事让你最感受伤的是什么? "

"我认为是格雷格不肯承认他做错了。他怎么可能不让自己的哥哥入伙做一笔好的投资呢? 他说他很抱歉,但是他不承认自己错了。这点让我很受伤害。"

我看着格雷格。他说:"我并不认为自己做错了。回想起来,我真的为没有告诉哥哥而感到非常抱歉,但是我并没想要伤害他。我的确不知道他也想投资。和你坦白说吧,我根本都没往那儿想,所以我很吃惊他会为此生气。"

"你意识到自己的做法深深地伤害了凯文吗? "我问道。

"现在我知道了。"

"伤害自己的哥哥是错误的,对吗?"

"对——如果是故意的。但是我不是故意的。"

"我相信你。让我来问你一个问题吧。如果你在办公室里不小心撞到了一个手里端着咖啡的人,咖啡洒到他的手上、身上和地上。你会怎么说呢?"

"我可能会说:'对不起,我走路的时候本应该看着点儿的。让我帮你把这收拾干净吧。'而且我可能会提出帮他洗衬衫。"

"所以即使不是故意的,你还是承认自己走路的时候本应该看着点儿,并为自己的行为承担责任,而且会想办法进行补偿。是吗?"

"是的。因为很显然是我碰洒了咖啡。"

我停顿了片刻,然后说:"即使你不是故意的,凯文的咖啡还是被你碰洒了。"

"我明白了。我得到投资消息的那天开始,走路就应该看着点儿的。如果那样的话,我就会告诉哥哥这个消息,因为我实在爱他,而且这三个星期我过得一点都不好。"

于是,我看着球场看台上的这兄弟俩。格雷格看着哥哥说:"我爱你,伙计。我本应该当天就想到你的。我会把股票卖掉并把利润分你一半。"

"嘿,你不用那么做。"凯文说,"你已经做得够多了。我原谅你了。"

两个人拥抱在一起。我很高兴来看了这场棒球赛。

如果我不问凯文"这件事让你最感受伤的是什么?"这个问题的话,我就无法知道他的主要道歉语言是承担责任。于是,我也就无法知道应该如何引导格雷格做一次真诚的道歉。格雷格不必说"我错了"这句话,但是他需要说出"我本应该当天就想到你的"这句话来为自己的行为承担责任。凯文只有听到那句话,才会认为格雷格是真诚的并接受他的道歉。

后来我听说格雷格确实把股票卖了,并把赚得的一半利润分给了哥哥。那真是"上上之策"。虽然这么做不是必须的,但是这证明了他的歉意,并使兄弟俩的关系变得更好。

问题 3:当我道歉的时候,哪种语言最重要?

帮助你发现自己的主要道歉语言的第三个问题是:当我向人道歉的时候,哪种语言是最重要的?这个问题有一个假设前提,即你对别人使用的道歉语言正好是你自己最希望听到的那一种。

听听来自威斯康星州格林湾的玛丽的说法吧:"当我向别人道歉时,我想让他们确定地知道'我很抱歉'。我希望事情不曾发生过。我无论如何不愿意伤害他们,但是已经伤害了。我想让他们知道我很痛苦,为自己伤害了他们而感到难过。"由此可见,玛丽的主要道歉语言可能是表达歉意。

乔治是一个来自印第安纳波利斯的卡车司机:"当我道歉的时候,我承认自己错了。对于我来说,那才是所谓的道歉。如果你不承认自己做错了的话,你就不是在道歉。"乔治自己的主要道歉语言很可能就是承认过错。

来自北卡罗来纳州夏洛特的安娜说:"当我向别人道歉的时候,我想努力做到的是,向他们保证在上帝的帮助下我不会再那么做了。我想让他们知道我对自己的做法感到难过,而且真心希望改变自己的行为。"可能安娜最想听第四种道歉语言——防止冒犯行为再次发生的真诚悔改。

你是双语者吗

回答上面三个问题可能会使你发现自己的主要道歉语言。也许有两种语言对你同等重要;也就是说,这两种语言都能有力地向你表明对方的真诚。当你问自己哪个更重要的时候,你听到自己说:嗯,他们同等重要。那么也许你是个双语者。

如果你是双语者，那些需要向你道歉的人就省了很多麻烦事。因为只要冒犯者说出这两种语言中的任何一种，你就会感受到他们的真诚，并愿意给予原谅。

实际上，"两三种道歉语言对我们来说都很重要"这种现象很普遍。但是，通常其中一种会更重要。如果在道歉中听不到你的主要道歉语言，你可能就会怀疑道歉者的真诚。

我们在书后给出了一个道歉问卷。虽然不像科学仪器那样准确，却是一个很实用的工具，能帮你发现自己的道歉语言，并与生活里的亲朋好友一起讨论。

发现别人的道歉语言

如何发现周围人的主要道歉语言呢？你可以鼓励他们读这本书，回答上面给出的三个问题，或者做道歉问卷，并和你讨论。这是学会有效道歉最明显、最有效的方法。

如果他们不愿意读这本书，你可以使用这三个问题发现对方的道歉语言。你可以让那个人描述别人对自己做过的一次看起来不大充分的道歉。在这次不成功的道歉里面，缺少的是什么？你可以问他："是不是有些让你心里感觉好受一些的话，对方本应该说却选择没有说出口呢？"或者当你冒犯了对方的时候，你可以问她："我知道我伤害了你。我珍视我们的关系。那么，我应该怎么说或者怎么做，你才能考虑原谅我呢？"对方的答案很可能就揭示了她的主要道歉语言。

当一个丈夫问妻子这个问题时，如果她回答说："我告诉你：你如果不承认你做错了，我是永远都不会考虑原谅你的。你像是在开玩笑，想说什么就说什么。哼，我已经受够了你的玩笑。那些玩笑深深地伤害了我，只要你不承认开那些玩笑是错误的，我就永远都不会原谅你。"那么,显然她的主要道歉语言是让他为自己的行为承担责任,并承认他的言行是错误的(主要道歉语言之二)。

当你意识到自己冒犯了对方的时候,你可以重新组织一下问题二的答案,让它听起来像这样:"我知道我伤害了你。我能从你对我的反应中看得出来。对不起。知道自己这么深地伤害了你让我很痛心。请你一定要告诉我,我的言行中什么使你受伤最深,好吗?"

第三个问题稍微专业了一点。适合在你们俩都没有冒犯彼此的心平气和的时候提问。你可以说:"我在读一本关于道歉的书。让我来问你一个问题,看看你是什么观点吧。如果你做的事情伤害了别人,在你向他们表达歉意的时候,你觉得道歉中最重要的部分是什么?如果你愿意的话,我可以把这本书中列出的道歉的五个方面告诉你。"

如果他愿意的话,你就告诉他道歉的五种语言。如果他说:"我不想听书上说什么,只想把我认为道歉中最重要的元素告诉你。"那么就倾听他的答案,你很可能就此发现他的主要道歉语言。

威廉是个 53 岁的商人,一个同事问了他这个问题。他的回答是:"对我来说,道歉中最重要的部分是让对方知道,我为自己伤害到他们的事情感到难过。"然后,威廉回忆起有一次因为没能及时回家参加女儿的钢琴独奏会而向她所做的道歉。

看到女儿满脸的失望,他告诉她:"我意识到这次独奏对你来说意义重大,我很难过错过了这次观看你演出的机会。我知道你是个伟大的钢琴师,没能听到你的演奏无疑是我的错误。我希望你能原谅我,并再给我一次机会。我爱你,以及你的妈妈和姐姐,胜过一切。"他拥抱了女儿。结果她哭了。"我感到她正在努力原谅我。"威廉告诉同事。

"我想传达这样一个信息:我觉得自己做得很糟糕。我觉得,如果你不为自己的所作所为感到难过的话,就不是在道歉。"

这位父亲对他同事的回答表明他的主要道歉语言是表达歉意。

请看下面的三个问题以及一个附加问题,这些问题会帮助你发现对方的主要道歉语言。

发现别人道歉语言的三个问题

1. 描述别人对你做过的一次你认为不充分的道歉。道歉中缺少了什么？

2. 当意识到自己冒犯了别人的时候，这样问对方："伤害了你让我很痛心。请你告诉我，我的所作所为中什么使你伤害最深，好吗？"

3. 如果你的行为伤害了别人，在你向他们表达歉意的时候，你觉得道歉中最重要的部分是什么？

如果问完了上边的问题你还是不确定，那么请带着敬意问下面这个问题："我珍视我们的关系。我需要怎么说或者怎么做你才能考虑原谅我呢？"

家庭方案

除了提问以上问题，这里还有一个方案可以帮助家庭成员鉴别彼此的道歉语言。可以先从父母开始，最后让孩子们也参与进来（如果他们的年纪足够大而且感兴趣的话）。花些时间写下你认为自己的主要道歉语言，然后把其他四种语言按重要性进行排序。同时，写下你认为配偶的主要道歉语言。如果愿意，也将其他四种语言按重要性排列出来。

和配偶坐下来，一起谈论你猜想的对方的主要道歉语言。在这个基础上，回顾你们过去向对方做的成功的道歉和好像没怎么起作用的道歉。探讨一下今后应该如何向对方道歉。当你们这样做的时候，就已经奠定了基础，使你们能够彼此更有效地道歉。

之后，让孩子们做同样的练习，列出他们的主要道歉语言，并把其他四种语言按重要性排序。然后,让他们猜测兄弟姐妹和父母的主要道歉语言。

小组方案

我们强烈建议你推荐你在工作单位和社区的朋友都读这本书。请他们回答本书末尾的道歉问卷,并就此问卷展开讨论。发现彼此之间的主要道歉语言,会在今后你们之间有误解或者伤感情的时候,极大地增加道歉的有效性。

说出全部五种道歉语言

请不要误以为你只需说出对方的主要道歉语言即可,实际上,这五种道歉语言都有它们的情感价值。我们想要说的是,你首先要使用对方的主要道歉语言,随后,你可以用其他四种语言作为点缀,从而获得额外的情感分。但是,若没有主要道歉语言,其他的语言会无法传达你的诚意。事实上,当你不知道对方的主要道歉语时,应该努力使用所有五种语言。如果你真心地这样做时,就肯定会说出一些让被冒犯者听起来比较悦耳的话。这样他们就会感到你的真诚。

一个"满分"的道歉

真诚的道歉是送给被冒犯者的礼物,意在传达你在乎和对方的关系,为真心的原谅与和解开辟了道路。我期望本书能够帮助你在意识到自己冒犯了他人的时候,进行更有效、更真诚的道歉。

如果在道了歉之后,感觉对方还是不原谅你,下面这个方法也许会帮助你加深道歉的力度。在你做了道歉的一两天之后,去问对方:

"如果按 0 至 10 分打分的话，你认为我前几天晚上道歉的真诚度能得几分呢？"对方的回答会为你提供一些实用信息，让你知道接下来的道歉如何进行，直到你尝试了得到对方原谅的每一种可能为止。

有一个丈夫问妻子这个问题，她的回答是："大约 7 分。"他就问："我应该怎么做才能达到满分呢？"妻子说："我在很大程度上相信你是真诚的，但是你始终没有承认你错了。我还在琢磨你是不是在用我对待你的方式来为自己开脱呢。我知道人无完人，但是我自认为没有做过可以被你当作借口的事情。我不知道你是否真的明白我的意思。"

丈夫认真听着，肯定地点着头说："我能理解你为什么会有那种感觉。我想告诉你，我知道自己做错了。我没有任何理由可以为自己的行为开脱。我为自己的行为承担所有的责任。无论如何那也不是你的错。很抱歉让你忍受这一切，我希望随着时间的推移你能原谅我。"

那些话很可能就是他妻子想要听到的。

道歉的五种语言
The Five Languages
of
Apology

第八章
道歉是一种选择

道歉的五种语言

表达歉意——说"对不起！"

承认过错——说"我错了！"

弥补过失——拿出行动！

真诚悔改——说"我不会再那样了！"

请求饶恕——说"请原谅！"

"如果……该怎么办呢？"当谈及道歉的时候，我和詹妮弗听到过很多这样的问题。第一个就是："如果我不想道歉该怎么办呢？"

一个来自加利福尼亚州贝克斯菲尔德市的人说："我知道我做得不对，但是她也有错。事实上，她的行为引发了整个事件。既然事情是她引起的，为什么反而我要道歉呢？"

当今人类的平均寿命是 75 岁。你想把多少时间花在等待对方道歉的"冷战"关系上呢？我认识一对夫妇，他们虽然在同一个屋檐下住了30 多年，却形同陌路，就因为彼此都在等待对方迈出道歉的第一步。

一位丈夫告诉我，他和妻子已经 20 多年没有彼此道歉了。"我甚至都不记得起因是什么了。"他说，"我只记得当时她坚持让我道歉，而我认为自己不应该向她道歉，道歉的应该是她。我们争论到底谁应该道歉，最后连话都不说了。"

不幸的是，这样的例子并不鲜见。我认识两个 18 年没和对方说过话的兄弟，因为其中一位觉得对方在一笔汽车买卖中占了自己的便宜，而他的兄弟则说："关于那辆汽车，我告诉你的都是实情。"那是18 年前的事情了，尽管兄弟俩住在同一个城市里，从那以后他们再没说过一句话。人们有意识地选择不道歉，这是何等的悲哀啊！

人们为什么不道歉

"不值得为之努力"

为什么人们选择不道歉呢？有时是因为他们不珍视与对方的关

系。也许他们曾经犯过口角,虽然表面上看起来关系还行,但心底里却积累了很多怨恨。一位女士这样评论自己的妹妹:"我放弃了我们的关系。好像不管我怎么做都不够,做什么都不对。她无数次伤害我,最后我发现不值得再努力了。我在电话上装了来电显示,如果是她打的电话,我就不接。去拜访母亲的时候,要是看到她的车也停在那儿,我掉头就走。我就是不想再和她有任何瓜葛了。"

鉴于一些看起来站得住脚的理由,这位女士有意识地选择不珍视她与亲生妹妹的关系。因此,她失去了为自己的破坏性行为进行道歉的动力。

"是他的错"

人们选择不道歉的第二个原因是:他们觉得自己的行为是正确的,做错的是对方。一个在当地酒吧参与了斗殴的职业运动员说:"我不会去道歉。他不该说出那些话。"他的逻辑是:"你冤枉了我,所以你应该付出代价。别指望我会道歉。你罪有应得,今后你再也别说那样的话,否则会被揍得更狠。"显然,他关注的不是建立关系,而是进行报复。这样的态度不能消除障碍,相反,它制造了障碍。

这就是臭名昭著的以牙还牙、以眼还眼的生活方式,而且很多人都在这么做。这和圣经中的建议截然相反。圣经说:"不要以恶报恶……若是能行,总要尽力与众人和睦……不要自己伸冤……因为经上记着:'主说,伸冤在我,我必报应。'"

明明做错了,却要证明自己的行为是正确的,这是自欺欺人。认为自己从来没做过任何需要道歉之事的人,生活在一个虚幻的世界里。现实是:所有的人有时都会说一些刻薄、挑剔、不温存的话,而且有时的行为很伤人、极具破坏性。拒绝承认道歉的必要性的人,会一辈子生活在破裂的关系中。

在调研中,我们不断碰到持这种态度的人。下面是一些例子。来自伯明翰的贝特西说："和他相识 10 年了,我不再指望他会道歉。我曾经试图迫使他道歉,但是那些道歉都不是出自真心,他也从来不悔改。他说他没做过什么需要道歉的事情。所以,我已经学会接受这样的事实,即我永远都不会得到他的道歉。只是希望情况别越来越严重就行。"

来自斯波坎市的杰敏说："我丈夫极少道歉。他不认为很多事自己做错了,所以难以承认自己的错误。"

来自缅因州班戈市的玛莎说："我丈夫很少说话。我不记得听他道过歉。他的原生家庭从来不解决问题。在他的原生家庭和与我组成的家庭里,发生过很多伤感情的事,结果都不了了之,造成很多怨恨。我们这个家庭形同虚设,不过搭伙过日子罢了。我感觉他真是个伪君子。"

你也许在想,这只是个"男人的问题"。事实并非如此,女人也会拒绝说"对不起"。住在新墨西哥州克洛维斯市的乔恩说："即使妻子做了什么对不起我的事情,她总是有办法让我有愧疚感。就在我觉得她要道歉的时候,她不但没有那样做,反而把她自己的行为怪罪到我头上。所以,我经常替她找借口好让自己原谅她。那种道歉并不能让人感到满意。"

印第安纳州波利斯的马克说："我妻子从来不道歉,除非她做了特别坏的事。即使那时她也好像并不真的感到抱歉。"

通常,人们的良心倾向于把过错转嫁到他人身上。实际上,他们的良心是"迟钝的良心"——看不到错误原本存在于自己身上。

较低的自我价值感

通常迟钝的良心是与较低的自我价值感相伴而生的。父母可能教导过他们:道歉是弱者的表现。持有这样观点的父母通常自己的自我价值感就低。家庭里一出现问题,他们通常会把责任怪罪到孩子的头上。结果，孩子们也逐渐形成了较低的自我价值感，同时又把它传递给自己的下一代。因为他们拼命努力使自己成为一个有价值的人，而且把道歉视为弱者的标志，所以他们也会把关系中出现的任何问题都怪罪到别人的头上。

低自我价值感、习惯将责任转嫁他人、极度厌恶道歉的人，大都需要去做心理咨询，帮助他们改变这种根深蒂固的思想、行为和情感模式。

这些人不了解，道歉会增强人的自我价值感。人们尊重那些愿意为自己的失败承担责任的人，而受到别人尊敬和仰慕会增强人的自我价值感。相反，那些试图掩饰或者为自己的错误行为辩解的人，大都会失去别人的尊重和肯定，因此自我价值感较低的问题会更加恶化。但是，被套在这个恶性循环怪圈里的人很难认清这一现实。

戴夫和妻子珍妮特失去了好几位生命里最重要的人。第一次做咨询的时候，戴夫说他以前对色情文学很上瘾，但是现在已经摆脱了这种坏习惯。珍妮特说她很受伤害，不仅仅是因为最近亲友的去世，还因为戴夫长期的秘密嗜好。

"戴夫对自己的色情瘾好好道歉了吗？"我问。两个人都沉默了。过了一会儿，戴夫解释说："啊，我说过我为自己的不良嗜好感到抱歉，但是并没有涉及更多的细节。因为我觉得那样的对话不会带来好结果。"戴夫就像一只被老鼠夹子夹住的老鼠，他不想多谈自己的错误行为，怕自己陷入更糟糕的境地。

我想帮助戴夫明白，事情恰恰相反，他避而不谈自己给珍妮特造成的痛苦只会延长大家的痛苦。我向他俩解释了"平衡天平"的概念："当珍妮特得知你对色情文学上瘾时，保持你们婚姻平衡的天平就失衡了。她那侧的天平坠到了地上。她情绪低落、伤心、寂寞、生气，担心以后再也无法相信你。你泛泛的道歉不能使你们的婚姻恢复平衡。珍妮特依然会感到生气和担心。如果你使她一直处于天平的低端，她可能会通过对你进行言语攻击来卸下那些加在她身上的重量。"

我总结我的分析说:"珍妮特需要你帮助移除她那侧天平上的超额重量。虽然你担心涉及具体细节的谈话效果会不好,但是事实上,那样的对话会极大地帮助珍妮特,修复你们的婚姻。通常,那些做出具体道歉的人发现,结果与他们最初料想的恰恰相反:他们在卸下受伤配偶的重负并承认对方正确后,得到的反而是感激。珍妮特可能会从对你的愤怒中解脱出来。她可能会觉得你真诚的道歉不但没有任何敌意,而且对她有很大帮助。"

戴夫认真地听着,这番话使他恍然大悟。他同意回家后做一次具体的道歉,并在下周把道歉的结果反馈给我。

一周之后,戴夫和珍妮特步履轻盈地来到我的办公室。戴夫说:"我试着按照你上次说的做了,结果没有我想的那么糟。我对珍妮特解释说,我在家里藏匿了这么多年色情杂志是不对的。我很抱歉孩子们发现了这些色情杂志,这可能会伤害他们的情感。我在道歉时也提到了一些其他的细节,例如:我让珍妮特觉得她是个不够好的女人,对此我感到痛苦。我对自己的行为撒谎,而辜负她的信任。"

戴夫对这次勇敢的尝试及因此而获得的心灵自由感到很满意。于是,他告诉自己的一个男性朋友也这么做:"我已经对我的一个朋友解释了'平衡天平'的道理。听了我的话后,他说他也需要向妻子道歉!"

我转向珍妮特:"听到戴夫的那些话,你有什么感想呢?"她答道:"戴夫迈出了很大的一步。我本来已经放弃了他能承认过错的所有希望。现在,我对我们的婚姻比以往任何时候都更充满信心。"

戴夫补充说:"这么长时间以来,我都相信这样的谎言:'这个问题我们谈得越多,结果就越糟'。我忽视了自己的良知,而且可悲的是,我向妻子传达了这样的信息:我不在乎她的感受。"

就在向妻子道完歉后的第四个月,戴夫被诊断出得了晚期肝癌。他感叹道:"要是在自己还健康的时候,我没向妻子道歉,没把这件事处理好,会是什么样的结果呢?请告诉你的读者,道歉实在是件等不得的事,有机会就该马上做!"

如果你有下面这些情况的话，我们强烈建议你去做专业的咨询：自我价值感低、不成熟的良知或者引咎他人的倾向。其实，因为不愿意道歉，你正深深伤害你生命中重要的人。

"要是我学不会对方的道歉语言怎么办"

在分享道歉的五种语言这个概念时，我们经常会遇到这样的问题：要是我很难说出对方的道歉语言怎么办？这些人都真心想学习对方的道歉语言，但是他们也很坦诚地说："我从来没学过那种道歉语言。学习一种你很少说的语言有多难啊！"

确实，有些人学习某种道歉语言的难度会比较大。这点与我们的成长经历及我们从小到大学到的东西有直接关系。值得庆幸的是，所有的道歉语言都是可以学习的。因此，我们想把一些学会了说一种自己以前不习惯说的道歉语言的人介绍给大家。他们中的很多人都承认，刚开始的时候很别扭，但是他们展示了人们学习新道歉语言的能力。

表达歉意

正在考虑结婚的卡尔带着女朋友梅林达参加了我们的一次婚姻研讨会。在他们做完调查问卷后，梅林达告诉男友说自己最想在道歉里听到的是"对不起"。

研讨会过后，卡尔找到了我（盖瑞）。"跟您坦白讲吧，我都不知道我是不是说过那句话。我觉得那句话脂粉气挺重的。我是在'真正的男人不道歉'的教育中长大的。我想那大概就是大男子主义吧。"

"我不知道自己能不能说出那句话，而梅林达又似乎很看重那句话。或许，我们就不该做您的问卷！"他开玩笑地说。

"相反，你们做了我的问卷也许是件再好不过的事呢。"我轻声笑着，"让我来问你一个问题吧。到现在为止，你做过让自己感到十分后悔的事情吗？做了那件事后，你是否对自己说过'真希望我没那么做'这样的话呢？"

他点点头，说："做过。我母亲葬礼的前一天晚上，我喝醉了。因此，第二天早上，强烈的宿醉让我非常不舒服。关于葬礼，我没有太多的记忆。"

"对此你有什么感受呢？"我问。

"十分糟糕。"他说，"我觉得很丢母亲的脸。她的去世对我打击很大。我们的关系一直都很亲密，我对她无话不说。我想自己是在借酒消愁，可我喝得实在太多了。我想母亲如果知道我这个样子，一定会很难过。她以前总劝我，让我别喝太多酒。我那时候真希望天堂里的人不知道人间发生的事，因为我不想伤害她。"

"如果天堂里的人能够知道人间发生的事，而你母亲也对你的所作所为很失望，现在你有一个机会和她说话，你会对她说什么呢？"

卡尔的眼睛湿润了，他说："我会告诉她，对不起，我让她失望了。我知道我本不该在那时候喝酒的。真希望我能回到那天晚上，重新过一次。我本不应该去酒吧。我会告诉她我真的很爱她，并希望她能够原谅我。"

我把胳膊搭在卡尔的肩上："你知道刚才你做了什么吗？"

他点着头说："嗯。我刚才对母亲道歉了。那感觉挺好。你觉得她听到我的话了吗？"

"我觉得她听到了，而且我觉得她已经原谅你了。"

"可恶！我可没想哭啊。"他边说边擦掉脸颊上的泪水。

"这是你的另一个问题。你是在'真正的男人不会哭'的教育下长大的，对吧？"

"对。"

"你的一些思维习惯不太好，卡尔。"我说，"事实是，真正的男人也会哭。木头做的男人才不哭呢。真正的男人也会道歉。当意识到自己伤害到所爱的人，他们甚至会说'对不起'。你是个真正的男人，卡尔。你今天就证明了这一点。永远都不要忘记这一点。你和梅林达结婚以后，不会是个完美的丈夫，她也不会是个完美的妻子。美满的婚姻未必需要双方都完美无缺，但是在做了伤害对方的事情后，道歉却是必须的。如果梅林达的主要道歉语言是说'对不起'，你就得学会说这种语言。"

"我懂了！"卡尔微笑着说，"很高兴我们来参加了这个研讨会。"

"我也很高兴你们能来。"当他离开的时候我说。

一年后的一天，我在南卡罗来纳州的哥伦比亚城开研讨会。星期六一大早，别人都还没有来，卡尔和梅林达就早早地到了。"我们今天特意早来了一会儿，希望有机会和您单独谈谈。"卡尔说，"我们只是想让您知道，您去年在萨默菲尔德举办的研讨会对我们来说意义重大。那是我们关系的重要转折点。三个月之后，我们就结婚了，而那天在研讨会上学到的东西继续在我们生活中起着作用。"

"要是没参加那次研讨会，"梅林达说，"我真不知道我们是否还能维系婚姻。我没想到，婚后第一年的日子这么不好过。"

"告诉我，"我说，"卡尔知道如何道歉了吗？"

"噢，他知道了。我们都成为很好的道歉者。那是我们那天学到的主要东西之一，接下来就是道歉的五种语言了。这两样东西让我们的婚姻能够维持到现在。"

卡尔说："对我来说，要道歉并不容易。但是对母亲的道歉是一个重大突破。那天，我意识到坦诚面对自己的行为是多么重要。"

"你的主要爱语是什么？"我问梅林达。

"服务的行动。"她说，"而卡尔对这个很在行，他甚至会去洗盘子、叠毛巾。"

卡尔摇摇头，说："以前可从来没想过有一天我会做那些事。但是我不得不承认，洗衣服可比说'对不起'简单多了。可是，这两样我居然都学会了。我希望我们有一个美满的婚姻。我亲属的婚姻都不美满，梅林达那边也一样，而我们俩想白头偕老。这就是我们今天又来上课的原因,我们期望学到些新东西。"

"你是一个真正的男人。"我拍拍他的肩膀说道。

承认过错

玛莎承认,自己很难使用丈夫的道歉语言——承认过错,特别难的是说出"我错了"那几个字。

"我不知道为什么会这样。"她告诉我说,"大概是因为,我从不记得父母说过那样的话吧,他们也没教我怎么道歉。他们很强调'全力以赴,超越他人,激发自己的潜能',但是他们从来就没怎么提道歉的事。所以,我从来没学过如何说道歉的任何一种语言。"

填写完道歉问卷的一个月后,玛莎在我的网站上留言:"这一个月里,关于道歉语言,我思考了很多。最近,我很留心学习丈夫的道歉语言,而且一直在努力。实际上,我已经大声说出'我错了。我不应该那么做。'这句话。但即使这样,承认错误并把它大声说出来还是很难。每个音节都像粘在我嘴里的胶水一样,但是说出来后的感觉不错,让我如释重负。大概我正在学习如何为自己伤人的言行承担责任吧。"

玛莎的经历表明,学习使用对方的道歉语言往往不是件容易的事。她指出了人们觉得那么做很难的几个原因:父母没做出榜样;父母没教孩子那么做;而且,她以前从来没有道歉过。然而,作为成年人,她完全愿意承认自己的言行有时并不温存、不友好。于是,她选择学习配偶的道歉语言,而不是替自己的行为辩解。这使她与丈夫的关系有了明显的改善。

对于那些很难说出"我错了,我不应该那么做"的人,我建议他们进行下面的训练。请把下面的话写在记事卡上:

"我并非十全十美。有时候我会犯错误。有的时候我说的话、做的事给他人带去了痛苦。我知道,对方的主要道歉语言是听到我说出承认过错的话，即：'我错了。我不应该那么做'。因此，我要学习说那些话。"

将上面的话大声地读出来。一个人对着镜子，大声地把"我错了，我不应该那么做"这句话重复几次。克服障碍，说出你不愿意说的话，是学习使用承认过错这种道歉语言的第一步。

学习为自己的行为承担责任，其中的一项重要内容是认识到人无完人。我不是完美的，有的时候我的言行会给他人带去痛苦，使他们受到伤害。当我选择承认自己是个凡人，愿意为自己的错误承担责任，并用对方的语言去道歉时，我就是在进步。

真诚悔改

对于一些人而言，说出自己想要悔改的意图（例如："我会努力让这样的事情不再发生"）会很困难。欧文对我坦言："我不想说出我要改变的承诺，因为我可能会失败。我确实打算改变，要不然的话，我根本不会去道歉。但是我担心说到却没做到，会更加破坏我们的关系。我用实际行动证明自己的改变不是比说出来更好吗？"

欧文的观点很有代表性。然而，这种不把自己的意图说出来的做法存在问题，因为对方并不了解你的心思。你知道自己在努力改变，对方却不知道。实际上，说出悔改意图的原因与使用其他道歉语言的原因完全相同——我们想要对方知道，我们认识到自己冒犯了对方，我们珍视与对方的关系，希望得到对方的原谅。

阿拉巴马州莫比尔市的埃利森说："我丈夫觉得说'对不起'、'我错了'、'请你原谅我，好吗？'或者'我会努力不再做这样的事'这些话的价值不大。但是如果他不说出这些话，我只能认为他不觉得抱歉，没有意识到自己错了，而且不打算改变。要是你不把这些话说出来，我又怎么会知道你在真心道歉呢？我又怎么会知道你在努力改变呢？

我自己的主要道歉语言是悔改，如果我知道丈夫至少在尝试进行改变的话，我会愿意原谅他。但是如果他不告诉我，也不说我的道歉语言，我就很难相信他的道歉是真诚的。"

埃利森已经说得很清楚，表达尝试改变的意图是使用悔改这种道歉语言的第一步。

我并不建议你向对方承诺自己以后不会再犯，你要表达的是你会尽最大的努力不再重复这种行为。这是一种通向成功的努力。改变长期存在的行为模式会很难，但是首先要迈出的一步是决定要进行改变，然后你会顺着积极改变的道路走下去。你的努力会鼓舞大多数人，即使在此过程中有失败，他们也愿意原谅你，但前提是你得愿意承认失败。

不要让对失败的恐惧阻挡住你迈向成功之路的第一步。如果悔改是对方的主要道歉语言，那么"我会尽力试着改变这种行为"这句话就是必不可少的。接着，要制定并执行改变的计划，这会使你在道歉成功和治愈过去伤害的道路上更进一步。

"如果我过度道歉怎么办"

在调研中，我们不断遇到一些人说自己或朋友几乎每天都道歉。只要自己和他人之间的气氛有一点儿紧张，他们就会立刻道歉。这就涉及一个问题：为什么你会过度道歉？

"搬起石头砸自己的脚"

人们过度道歉的原因不尽相同。有些人是因为他们对造成别人痛苦的言行感到内疚。乔丹告诉我说："我的道歉要比妻子多得多，因为我总是搬起石头砸自己的脚。我很爱说话，有时会说错话，让自己陷入麻烦。我说话的时候总是不假思考，过后才意识到伤害了妻子或同事。所以,我道歉的次数很多。"

艾玛说丈夫安德鲁总是因为同一件事而道歉:"他每天都会做一些需要道歉的事。"

起初,我以为她在开玩笑,但是她的脸上全无笑意。于是我问:"你是认真的,对吗?"

她说:"对。我从来就没碰到过这么不敏感的人,但是他很快就会道歉。我只希望他以后能学着不再做那些需要道歉的事。"

乔丹和安德鲁这类人的问题不在于他们不愿意道歉,而在于他们缺乏处理人际关系的技巧。于是,他们学着用频繁、随意的道歉来弥补这种社交技巧上的不足。对于这些人来说,更令人满意的、更有长远意义的做法是参加一些培养人际关系技巧的讲座,进行个人咨询以及读一些关于如何与他人相处的书。

"我认为是我的错"

另一些人倾向于过度道歉是因为他们的自我价值感较低。露西35岁,单身。她说:"不管在家里、在单位,还是在别的什么地方,我总觉得所有的事都是我的错。因此,如果我与别人的关系中有什么不对劲儿,我就会认为是自己的错,就会道歉。人们经常对我说:'你不必为那件事道歉,你并没有做错什么。'但是,我总觉得好像是自己不对。"

帕特丽夏住在菲尼克斯城。她和丈夫提前退了休,之后就离开密歇根州搬到更温暖的地方养老。她这样评论丈夫:"戴夫总道歉,总说'对不起',但是他的态度其实是在说:'我知道自己一文不值,什么事情都做不好。'他当然并不是一文不值,他是个很了不起的商人,否则,我们俩也不可能提前退休;而且他也没做过很多需要道歉的事情。我认为,大概是因为他的自我价值感比较低吧。他那样道歉听起来反而不像那么回事儿。通常,那会使情况更糟糕,因为我觉得他不是在真心实意表达'请你原谅我。我没想要伤害你';相反,传递出来的是：'对不起，我是个白痴。我又有什么好说的呢？'"

我一直没有机会和她丈夫谈谈，但是我觉得戴夫那么做是因为小时候的某些经历导致他自我价值感较低，或者因为妻子过于挑剔、总是批评他，而他的对策就是接受指责。出现以上两种情形都是因为他的自我价值感问题。要想拥有一个更好的婚姻关系，戴夫可能需要去做咨询，解决自我认知的问题，对自己有更积极的评价。戴夫一直被禁锢在自我价值感较低的模式中，他可以摆脱掉这种模式。

"我想让事情过去"

过度道歉的第三类人特别不喜欢冲突，总想尽快平息争端，使一切"恢复正常"。尽管觉得不是自己的错，他们还是愿意承担责任，用道歉来息事宁人。他们不喜欢长时间讨论问题引起的情感不适，反倒更愿意道歉，承担责任，希望事情就此结束。下面是我们研究中的一些例子，都属于这个类型。

"如果想要得到安宁的话，我得让事情过去才行。"米尔德丽德说。她和布鲁斯结婚已经 20 年了。"我发现，即使不是我的错，我也会（向布鲁斯）道歉，因为这样我就可以结束争吵，以崭新的心情继续生活了。"

加尔文来自纽约，他参加了一次我举办的婚姻加油站培训活动。他说："成长的过程中，我没怎么见过父母发生冲突。我不习惯争论。所以，当我感到心烦或者失望的时候，就觉得自己应该道歉并把事情纠正过来。我是个天主教徒，我喜爱忏悔礼。大声忏悔和得到原谅真是让我感觉很好。"

乔纳森 25 岁，结婚已经两年了。他很喜欢自己的工作。"我不一定总要做赢家。我不喜欢冲突。即使不是我的错，我也会道歉，好继续过日子。我不想把时间浪费在争论上。我想我是爱好和平而不是喜爱争斗的人。"

有趣的是，好几个人都告诉我"最好的道歉者"是道歉最多的人——即使自己并没有错。我问苏珊妮："你和丈夫通常谁先道歉？"她说："是他。90%的时候都是他道歉，即使他没错。他希望我们能够和睦相处，因此通常是他先进行和解。"

艾德里安娜也对我说："我丈夫总是比我先道歉，因为他不希望我们之间有任何摩擦。他受不了争吵。"

唐说妻子丹尼斯更善于道歉："她不喜欢在产生矛盾后继续争执。只有一方道歉后她才会觉得矛盾结束了。所以即使她觉得是我错了，她也会道歉。"

而唐很讨厌那样的道歉："她快把我逼疯了。我希望她和我争论，但是她选择道歉。"

丹尼斯解释说："我只是想消除紧张气氛而已。"

引起憎恨的"和解"

上面这些人以及无数类似的人为了和解不惜一切代价。他们宁愿承认自己错了，也要停止争论或冲突。他们觉得情感上的平静要比事情的正确性更重要。这看似是种可贵的优点，但事实上愤恨在内心酝酿。

简和肯特结婚已经 15 年了，两人就住在弗吉尼亚州威廉斯堡的郊区。简说："在我们婚姻中，我似乎是道歉较多的那个人。肯特不善于用语言表达自己的感受。为了让那些错误或者引起不良情绪的事情赶快过去，回到和睦相处的状态，即使问题不是由我引起的，到最后常常是由我来道歉，我则需要独自消化这些不良情绪。"

像这样内化了的愤恨常常会让两个人的感情变得疏远。表面上风平浪静了，实际上一场情感喷发正在酝酿之中。

如果你发现愤恨情绪正在积聚，就应该去找咨询师、牧师或者值得信赖的朋友谈谈。这些愤恨情绪如果不被消化掉就可能会造成关系的破裂。不惜一切代价维持的和平状态不是通往真诚关系的正确道路。道歉需要真诚。如果我们道歉仅仅为了避免矛盾而不是寻求真正的和解，这样的道歉便不是出于诚意。记住，道歉的目的是为了得到原谅并与被冒犯者达成和解。

在第九章里，我们会着眼于道歉的另一面——接受道歉的人，也会解答下面的问题："要是对方不为其错误或者伤人的行为道歉怎么办？"

道歉的五种语言
The Five Languages
of
Apology

第九章
学会宽恕

道歉的五种语言

表达歉意——说"对不起！"

承认过错——说"我错了！"

弥补过失——拿出行动！

真诚悔改——说"我不会再那样了！"

请求饶恕——说"请原谅！"

这一章我们讨论的重心将从进行道歉转移到接受道歉。正如我们所看到的，原谅别人的错误行为可能会很难，当我们觉得冒犯行为很严重时尤为如此。

我们需要明白一点：正是有了冒犯的行为，才需要原谅。罗伯特·恩赖特教授（Professor Robert Enright）创办的国际原谅协会（The International Forgiveness Institute）是研究"道歉"领域的先驱，它把道歉定义为道德层面的问题：道歉"是对不公正（即道德错误）的回应"，"它是在错误行为面前转向'善'的行动"。如果不发生冒犯行为，那么道歉便无从说起。

一切真诚的道歉都有两个相同的目标：冒犯者被原谅和关系得到和解。在道歉与和解之后，双方的关系便可继续发展。

如果冒犯者使用你的主要道歉语言，那么你会更容易原谅对方。但是即便如此，我们依然可以选择原谅或者不原谅。

犹如晴天霹雳

即使不严重的冒犯也有可能成为晴天霹雳，因为它能破坏关系的平静。如果你是被冒犯的人，你自然知道那种感觉：伤心、生气、愤怒、失望、怀疑、遭背叛和被排斥感。不管冒犯者是同事、室友、父母还是爱人，你都会有这样的疑问：他们要是爱我的话，又怎么会那么说、那么做呢？冒犯者的行为使你的爱受到损害。

后果不止如此：你的公正感遭到侵害。你心里的道德小战士站起来说："那样不公平。我们会为你而战。"你的整个身心都想对那些小战士说："冲啊！"但是你又不确定那么做对不对，因为你珍惜与对方的关系。你会想：也许他们想说的不是那个意思或者我不了解事情的真相。

在你试着了解情况的时候，这些理由占了上风。也许你发现是自己误解了，于是你的愤怒得到缓解，继续发展与对方的关系。另一方面，对事情的进一步了解也可能会证实你最大的担心：一切都是真的，而且比你想的还要糟糕。对方侵犯了你，伤害了你，羞辱了你，她的话不友好、不温存、很无礼。冒犯行为现在成为隔在你们之间的情感障碍。

通常，我们自己的反应会使事情复杂化。她冲着你嚷，所以你也冲着她嚷。她推搡你，你也推搡她。她对你说粗话，你也不示弱。现在你们双方都为冒犯行为感到内疚。除非其中一个人选择道歉，并且双方都选择原谅，否则你们俩之间的情感障碍永远不会被完全移除。

人无完人，所以有时我们没能做到彼此相爱、互相尊重、礼貌相待，于是道歉和原谅就成了维系健康关系的基本要素。谁先道歉并不重要，彼此道歉才是关键。道歉寻求的是原谅。因此，让我们一起来看看原谅的艺术吧。

何为原谅

原谅意味着我们选择取消惩罚，赦免冒犯者；忘掉冒犯行为并欢迎冒犯者回到我们的生活中来。原谅不是一种感觉，而是一个除掉障碍以使关系继续发展的决定。

如果你是被冒犯方，那么原谅意味着你不再寻求报复，不再要求公正，也不使冒犯行为成为挡在你们之间的障碍。原谅带来和解，但这并不意味着要立即恢复信任，这点我们稍后会讲到。和解意味着你们两个人忘掉过去的问题，共同面对未来。

当冒犯者不道歉时该怎么办

要是冒犯你的人不向你道歉怎么办？如果这样，请友好地去面对他，主动去找他，希望他能道歉。如果对方道歉，你要原谅他。只要冒犯者能够道歉，我们永远都应该原谅他。

要是冒犯者在我们指出他的错误之后仍不道歉，该怎么办呢？答案同样很清楚：你再去找冒犯者一两次，每次都表示愿意原谅对方并寻求和解。不过，你也要做好心理准备，冒犯者也许最终仍不承认他需要被原谅并拒绝为其错误行为道歉。

有待原谅的过错一般有两种：道德过错和非道德过错。当配偶没按我们的方式使用洗碗机时，可以要求对方改变，但是如果对方没改，也不算犯了道德上的过错。许多这类摩擦我们可以忽略掉，忍耐下来，加以接受。但是，道德上的过错是一道永远横亘在彼此之间的隔离墙，只有道歉和原谅才能将其拆毁。如果一个人几次拒绝为自己的道德错误道歉，我们会认为要是自己不出面要求公正的话，这事就没人管了。其实我们可以把那个人及他犯的错一并交托给良知，相信人间自有公道，而不是寻求报复。

在把冒犯者交托给良知以后，就是你忏悔自己的罪过的时候了。记住，受到伤害和感到生气不是罪过。但是，通常我们的愤怒会引出一些有罪的行为。我们必须忏悔自己那些伤人的话语和破坏性的行为。不要因为冒犯者拒绝道歉，所以自己也不道歉。他（她）也许不能原谅你，但是你道歉后，就可以因为愿意承认自己的失败而无愧于心了。

当道歉者没有使用你的道歉语言，如何原谅他

要是道歉的人没说你的主要道歉语言该怎么办呢？事情往往如

此。这也正是我们写作本书的原因。我们相信，虽然很多人做了真诚的道歉，却不被视为真诚，因为他们没能说出对方的主要道歉语言。

如果每个人都能读一读这本书，学习使用对方的主要道歉语言，那就太好了。了解了五种道歉语言，能够帮助你理解别人的心思。他们可能真诚地在用自己的道歉语言道歉。了解这一点能够帮助你原谅他们，即使他们没能说出你的道歉语言。

一位母亲曾跟我说："听了您关于五种道歉语言的讲座，我能更容易地原谅我成年的儿子了。他30岁了，曾经向我道歉过很多次。但是每次他只说'对不起'。他认为那就是道歉。我觉得道歉可不仅止于此。我想要听到他说：'我错了。请您原谅我，好吗？'但是他总是说完'对不起'就完事了。

"过去，大多数时候我都原谅他了，但是我一直怀疑他的真诚度。您的讲座让我意识到他的确是真诚的，只不过他说的是他自己的道歉语言。如今即使他不说我的道歉语言，我也相信他是真诚的，于是我能更加容易地真正原谅他。"

轻易的原谅不是明智的原谅

很多人从小就被教育要尽快地、无条件地原谅别人。不管一个人使用哪种道歉语言道了歉，我们都要原谅他，并不质疑他的真诚。这种做法到头来可能反而鼓励了破坏性行为。

用莉萨的话说，她和丈夫本在婚后的第一年经历了"很多刺激"：搬到一个新城市，卖了房子又买房——这样折腾了两次；莉萨的身体一直不好；本换了份工作；本的父母分居了，父亲还威胁说要自杀；他们两人一起在教堂里辅导单身男女。在写给我（詹妮弗）的信中，她还描述了最沉重的打击："而且，我丈夫有出轨行为。"

我仔细地阅读着莉萨的信："我从小就被教育要原谅人、爱人，我就那么做了。我当时想的是，我们最近经历的事情太多，任何人都可能犯错误。我无条件地原谅了他，之后对此事就提过两次。然而，他又和另一个女人好上了。这次我没有轻易原谅他，而是惩罚了他。我的牧师也介入进来。我们向他展示了爱和仁慈，在他道歉和许诺悔改后，我原谅了他。

"8年过去了，丈夫却一直背着我继续婚外情。有一次他打来电话说：'我爱上了另一个女人，今晚我不回家了。'这个电话一下子把我唤醒了，我就把所有门锁都换了，让他在律师办公室里签了分居文件。"

莉萨和本分居了一年。在那段时间里，他们开始修复伤痕累累的婚姻。"通过多次的咨询并设立更多健康的界限，我们现在摆脱了第三者危机。现在，我们正在庆祝结婚14周年呢。"莉萨说。

是的，这是个神奇的结局。但是，莉萨还是对本欺骗了自己那么久而感到遗憾，后悔自己没早点儿采取更有力的行动。"我认为，如果我以前知道道歉的五种语言并能更好地判断对方是否真诚的话，在刚刚步入婚姻时我就会设立明确的界限，就不会以原谅为名，表现出那么强的依赖性和软弱了。如果我对真正悔改的识别力得到增强，我们就可能少受几年难以忍受的悲伤。"

我认为莉萨说得很对。让冒犯者为他的不当行为做出解释是爱的表现。要是莉萨以前就了解道歉的五种语言，在丈夫第一次出轨后，她本可以有勇气说出："我很爱你，这使我无法轻视此事。除非你同意去做全面咨询，否则我无法继续我们的关系。我们的婚姻对我来说十分重要，这使我无法把这件事当成个小事。"出现重大道德过错时，如果我们期望真正的、长久的改变，就必须处理过错的原因。

"我需要一些时间"

我们在前面已经说过，对于道歉的回应一般来说有两种：原谅或者不原谅。然而在现实中，还存在第三种反应："给我些时间，让我考虑考虑。我想要原谅你，但是我需要一些时间来消化这件事情。"

有时我们受到的伤害如此之深或如此之频繁，以至于我们无法立刻在情感上、精神上或身体上真心地原谅对方。我们需要时间让心灵康复，让情感复原，让身体康复。我（盖瑞）记得有一位丈夫说："在妻子第一次对她的毒瘾说谎后，我原谅了她，并继续努力经营我们的婚姻，因为我以为她真正地为自己的所作所为感到后悔。当时，她使我深信她再也不会犯同样的错误了。但是现在呢，她已经不止一次地再犯了。她参加了一个戒毒计划，但是在还有三周才结束戒毒疗程的时候就放弃了。她说自己就能把毒瘾戒掉，可是她没有。不到一周，她又开始吸毒了。

"这次，她请求我再给她一次机会。她说她会坚持参加那个戒毒计划。我已经同意为她出钱，但是我不知道自己能否原谅她。我绝望了。我愿意为此事祷告，但是现在我不想见到她。"

我很同情这位丈夫。谁会不理解他对原谅的不情愿呢？谁会冷漠地要求他当场就原谅她呢？谁能向他保证她这次的道歉是真诚的呢？而谁又能向他承诺过去的情形不会再次发生呢？所有的迹象似乎都指向否定的方向。

"我爱妻子。"他说，"她说她也爱我。但是那怎么可能呢？如果你爱一个人的话，你怎么可能还那么做呢？这是一种奇怪的表达爱的方式。我希望随着时间推移我能原谅她。我希望她是真诚的，希望她意识到自己一直在走弯路。可是现在，我不知道该说些什么。"

这位丈夫在内心深处想要原谅妻子。他想拥有一份真正充满爱的关系，但是不知道自己是否能够原谅她。时间会给出答案。他期待和解，为此祷告和等待。有时，那是进行原谅的唯一的现实方法。他需要一些时间，医治情感受到的伤害，避免使这伤害转化为痛苦和仇恨。

信任:一株脆弱的植物

这就将我们带到了重建信任的问题上。原谅和信任不能等同。原谅是一种决定。如果一个人觉得自己听到的道歉是真诚的,他就可以立即原谅。然而,信任不是一种决定——相反,它是一种情感。信任是一种发自内心的、相信对方会信守承诺的信心。

显然,信任是一种认知。"我相信你是一个诚实的人。"这种说法建立在信任的基础上,却是植根于情感的泥土中。信任是一种情感上的感觉,一种我和你在一起很放松而不必去疑神疑鬼的感觉。我可以卸下自己的情感戒心,因为你不会有意地伤害我。

大多数情况下,信任是在关系的早期发展建立起来的。除非在随后的交往中受到严重的伤害,否则我们倾向于认为人们的言行是一致的。如果在关系早期的几个月中,我们没有发现对方有可疑之处,那么起初的信任就得到证实和加深。

所以说,在健康的关系中,信任是一个人的正常情感状态。朋友之间、配偶之间、亲密的同事之间都彼此信任。然而,当被侵犯或背叛时,信任无法在道歉和予以原谅后立即复原如初。这时,信任减少了,因为对方被证实是不值得信任的。坦诚的人可能会说:"我原谅你,因为我相信你的道歉是真诚的。但是坦白地讲,我不再像以前那样信任你了。"

我喜欢把信任想象为一株脆弱的植物。当信任受到侵犯时,就好比有人一脚踏在这株植物上并把它碾入泥中。雨水和阳光会使这株植物再次挺拔起来,但是那可不是一夜之间就能发生的。那么,如果关系中的信任被侵犯了,我们应该如何重建它呢? 真诚的道歉和真心的原谅才能重建信任。这是如何发生的呢? 多年与夫妻们打交道的经验告诉我:夫妻之间,冒犯者主动向被冒犯者敞开他(她)的个人生活是最有利于培养信任的方法。

例如，如果冒犯行为发生在金钱领域的话，冒犯者可以采取这样的态度："这是支票本，这是存折，这是我持有的股份。你任何时候想检查都可以。我没有别的账户了。我会把你介绍给管理这些账户的人，并告诉他们你对这些账户拥有完全的授权。"

如果冒犯行为属于性出轨的话，你可以允许配偶查看你的手机、电脑及其他通讯工具。你要对自己在哪里、在干什么做详细的汇报。而且，你要允许配偶随时给你打电话，以确认你确实在你说的自己要去的地方。信任不是在隐秘中培养起来的，而是在公开中。如果你能在一段时间里表明自己值得信任的话，你的配偶可能会重新开始信任你。如果你继续有说谎、欺骗、隐瞒、制造借口等不值得信任的行为，信任就永远不会得到重建。让信任存活下来的唯一希望是诚实。

重新建立信任是一个过程，需要时间。人们有时会对我说："有时候，我认为自己已经原谅了配偶。但是有些时候，我会觉得自己还没有原谅，因为我真的无法相信那些话。"他们如此挣扎是因为他们混淆了原谅和信任。概括起来，原谅是选择取消惩罚，它使冒犯者重新回到你的生活中来，继续发展彼此的关系。相反，信任的回归是一个过程。当冒犯者改变自己的行为坚持一段时间后，你开始对对方感到自在和乐观。如果这种情形能够继续的话，你才会再次完全信任对方。

原谅使道歉的目的得以实现

原谅蕴含着让关系获得新生的力量，不原谅则给关系判了死刑。没有原谅，关系就会死去。有了原谅，关系就有可能重获生机，并充实彼此的生活。

千万不可低估原谅的力量。原谅是真诚道歉的目标。如果得不到原谅，那么道歉就像是一根松了的、无法连接到系统上的电线。只有道歉是无法恢复关系的,它旨在请求原谅。能使关系得到最终恢复的是原谅这个礼物。让我们做一个假设:我们是朋友,而你不公正地对待了我,侵犯了我们的友谊,但是很快来向我真诚道歉。在这种情况下,我们的关系如何发展不取决于你的冒犯,也不取决于你的道歉,而取决于我是否愿意原谅你。原谅通向和解,实现道歉的目的。没有原谅,道歉的目的就无法实现。

原谅的禁区

我想补充一点:原谅无法消除错误的所有后果。假如一个丈夫在盛怒之下一拳打在妻子的下颌上,把她的下颌打断了,在他真诚的忏悔下妻子可能会真心地原谅他。尽管如此,她的下颌还是碎了,而这可能会给她将来的生活带来麻烦。假如一个十几岁的女孩子不顾父母的反对,在朋友的劝说下尝试了一种流行的毒品,毒品伤害了这个女孩的心智。为此,提供毒品的那个朋友可能真诚地、充分地道了歉,这个女孩可能也向自己的父母道了歉(如果她还有理智道歉的话),而父母也真心地原谅了她,但是她的心智却受到了永久的损害。

这是生活中的一个基本现实:当我们的言行对他人造成伤害时,即使对方真心原谅了我们,那些言行的后果也永远无法被完全消除。

第二个基本现实是:原谅无法消除全部的痛苦情感。妻子可能会原谅在盛怒下打了自己的丈夫。但是当她想起他的所作所为时,可能会再次感到失望、受伤和被排斥。原谅不是一种情感,它是一种承诺,一种尽管对方的行为伤害了自己但是仍然接受对方的承诺。原谅是一种决定,一种放弃寻求公正、选择展现仁慈的决定。

道歉无法消除对所发生事情的记忆。我们常说要原谅并忘记。但事实是:我们永远不会忘记,因为生活中的每一件事都存储在大脑里。发生过的事情极有可能会反复地回到意识中来。如果我们选择了原谅,那么就把对事情的记忆和受伤的情感一同交托给时间,让我们在时间流淌的过程中为对方做些友善的、有爱心的事吧。让我们选择关注未来,而不是允许自己的思想被过去的、已经被原谅了的伤害所困扰。

假设你愿意原谅他人,你应当怎么说呢? 下面是我们的一些建议。

宽恕的话应当怎么说

- 你的话严重地伤害了我。我想你意识到这一点了。我很感谢你的道歉,没有它,我认为自己是不会原谅你的。如今我看到了你的诚意,所以我原谅你。

- 我能说什么呢?你的道歉使我很感动。我非常珍视我们的关系。因此,我决定原谅你。

- 我不知道自己是否能真诚地说出这些话。你的所作所为对我造成了重挫。我从来都没想到你会做那样的事。但是我爱你,我相信你的道歉是真诚的。因此,我原谅你。

- 你工作上的错误造成了我时间和金钱上的损失。我想原谅你这次错误。是的,由于你已经做出适当的纠正错误的计划,我能原谅你。

- 我知道,对你来说,压制住自己的骄傲说出"我错了"这句话有多难。我认为你更加成熟了,我真的原谅了你。

道歉的五种语言
The Five Languages
of
Apology

第十章
向家人道歉

道歉的五种语言

表达歉意——说"对不起！"

承认过错——说"我错了！"

弥补过失——拿出行动！

真诚悔改——说"我不会再那样了！"

请求饶恕——说"请原谅！"

若不做真诚的道歉，破裂了的关系就无法恢复。家庭中存在着很多破裂的关系。有些年轻的子女和父母疏远；有些兄弟之间15年互不理睬；有些父母在言语或身体上虐待孩子，却不愿意道歉，任凭孩子在被父母排斥的感觉中长大。我（盖瑞）遇到过很多恶待对方却拒绝道歉的夫妻，事实上，他们生活在无声的绝望当中。

我们相信，本书所包含的一些见解能够帮助很多破裂的家庭重归于好。而且，现实生活中很多道歉的实例证明，家庭关系可以被修复，和好如初。

当然，真诚的道歉也不总能带来饶恕和人际关系的恢复；不过，如果伤害过后没有道歉，人与人的关系毫无疑问会以破裂而告终。

当你愿意为冒犯行为中自己的过错道歉时，就打开了一扇通向恢复家庭关系的大门。

向父母道歉

几年前，我儿子德里克在读研究生期间，工作和居住在旧金山市海特·阿什柏里区的一个家庭教会里。他的工作是和一些年轻人建立关系。这些人都是移民，怀揣着过上好日子的梦想来到这个城市，结果沦落到无家可归的地步。德里克工作快满三年的时候，对我说："爸爸，我在街上认识的每个人几乎都与他们的父母很疏远。其中很多人好几年都没与父母联系过了。"听他这么说，我就问他们那些人的家庭背景情况。

　　"他们中的很多人在言语上、身体上或性方面受到过父母的虐待。"儿子回答道,"他们一旦长大就立刻离开家,再也不回去了。不过也有些人来自相对比较稳定的家庭,家人之间会互相支持的。但是他们在十几岁的时候染上了毒瘾。父母曾试着帮助他们戒毒,但是最后都失望地放弃了,任由孩子自生自灭。"

任性的儿子

　　我曾经在旧金山待了一周,和儿子住在一起,并跟他去探访他认识的那些人。听着这些年轻人讲自己的故事,我不禁心想,在远方的城市里会有多少父母每天在祈祷孩子能够回来啊!记得圣经里讲过一个年轻人的故事:这个年轻人问父亲,自己是否可以在年轻的时候得到属于他的那份家业,而不是等到父亲死后。父亲同意了,将家产分给儿子。于是年轻人兜里揣满现金,带着一大笔钱离开家去了远方,过起了"今朝有酒今朝醉,明日一死万事休"的日子。没多久,他就挥霍得身无分文。为了生存,只好找了一份放猪的苦差事。

　　一天,他醒来的时候想起了家,于是决定回家向父亲道歉,请求父亲让自己在家里的农场上当个普通的雇工。他把自己的决定付诸行动,一路走回父亲的家,向父亲道歉,说自己情愿在农场上做个雇工。出乎他意料的是,父亲完全原谅了他,非但没有把他当作雇工对待,反而像迎接失而复得的儿子一样欢迎他回家。

　　我凝视着旧金山街头的那些年轻人,心中暗想,要是这些孩子肯道歉的话,他们中会有多少人能与父母达成和解啊!

愿意先道歉的孩子

自然，父母也应该向受了虐待的孩子道歉。但是如果孩子不先与父母取得联系，他们不知孩子身在何方，当然没办法道歉。我记得在美国中西部一座城市召开的婚姻研讨会上，玛西亚跟我讲了她的故事。她以前曾受到父亲的性虐待，结果这一经历大大地影响了她与丈夫的性生活。在丈夫的极力敦促下，她去做了咨询，对以前的事情有了更深的理解。玛西亚决定去面对父亲，解决多年以前的伤害。她知道错不在己，但是，这么多年以来一直被痛苦和愤怒所左右，而没有寻求与父母和解，也是不对的。她已经很多年没见过父母了。

在咨询师和丈夫的支持下，玛西亚给父母打了电话，问他们自己是否可以回去看望他们。他们同意了。

玛西亚称那次回家是"我经历过的最漫长的旅行和最艰难的谈话。那时我对道歉的五种语言一无所知，但是我清楚自己想从道歉开始。现在回过头看，我大概把五种语言都说出来了"。

玛西亚回忆她当时说的话："我是来道歉的。这么多年来我让愤怒、痛苦和憎恨驾驭自己，并因此一直与你们分离。我知道那么做不对。我们彼此失去了这么多年，对此我感到深深的抱歉。我不知道应该用什么来补偿你们，但是我愿意做出努力。我希望未来和过去不同。而我这次回来就是想知道你们是否能够原谅我。"

她话一说完，父母都哭了。"母亲先拥抱了我，之后父亲也拥抱了我，口里说着：'能，能，我们能原谅你。'但是我对父亲接下来说的话却毫无思想准备。父亲眼含热泪说：'我会原谅你，但是在这之前，我有很多事想先请求你的原谅。我知道自己对你做过的事情是错误的。我从来没和你母亲提起过这件事，但是我想现在她应该知道实情了。我曾经严重地虐待过你。为此我无数次以泪洗面。我希望你母亲也能

原谅我。'

"我抱着父亲说:'我真的原谅你了。'

"母亲看着父亲说:'我不知道自己能否原谅你,尤其一想到我们的孩子这么多年不肯回家,原来都是因为你犯的错。'

"接下来的两个小时,我们一家人一边说话一边哭。我鼓励父母去做咨询,好帮助他们平息这件事引起的情绪波动。对于我们全家来说,这都是康复之旅的开始。"

在这里,我必须声明一点:我认为,如果玛西亚的父亲不为自己的过错道歉,他们父女的关系是不会恢复的。玛西亚本不必向父亲道歉——需要道歉的是她父亲。但是,往往我们的道歉意愿会创造出一种情绪氛围,在这样的氛围中,对方更容易开始道歉。我禁不住感慨,旧金山街道上和我谈话的那些年轻人如果选择了走道歉之路的话,会有多少人体验到玛西亚所经历的大团圆结局啊!

向成年的子女道歉

现在,让我们来看一看道歉方程式另一端的父母。世上没有十全十美的父母。如果你们和成年子女的关系比较疏远,那么为什么不主动道歉呢?成年子女能够接受父母的道歉并真心原谅他们对自己的严重虐待。想想,如果玛西亚的父亲能早几年主动忏悔自己的错误并寻求原谅的话,他们一家人可以少受多少年的痛苦啊!与情感的康复相比,他经历的尴尬只不过是很小的代价,而他请求原谅能够使大家免受多年的疏离之苦。并不是所有错误都像性虐待一样有那么大的破坏性,但是不公正地对待孩子的结果往往都是消极的。做父母的承认失败并请求成年子女的原谅,乃是走向了通往消除情感障碍的光明大道。

识别紧张关系

通常，我们所犯的错误不是道德层面上的，而是关系层面上的。有一次，在单身者参加的会议上，我做了一场亲子关系的讲座。会后，布伦达走过来问我："我可以给您讲一个我的故事吗？""当然可以。"我说。

"我父母都是好人。"布伦达开始讲述，"他们为我付出了很多。事实上，这正是问题的所在。他们为我做得太多了。我是独生女，他们俩把自己的精力都花在了我身上。他们的想法是'让我们为你做这件事吧'。结果呢，我长大后觉得自己什么本事都没有。我记得，7岁的时候，有一次我自己整理了床铺。几分钟后，母亲走了进来，说：'哎呀，天哪！真是一团糟！'接着就按自己的方式把床又整理了一遍。我想她认为自己是在做正确的事情，但是这件事让我觉得自己什么事情都做不好。我上大学时的成绩不好，主要是缘于这种自我认知的低能。"

"我非常爱我的父母。"布伦达继续说道，"我认为，他们都对婚姻有极大的不安全感，于是照顾我的需求成了他们唯一的满足。我希望他们能够多多彼此照顾，同时让我学习如何照顾自己。我真想把自己的感受告诉他们，但是又不想伤害他们。妈妈总是问我为什么不多回家看看，我都不知道该怎么回答。"

我完全理解布伦达的感受。我见过许多在这种亲子关系中挣扎的成年孩子。这些父母通常工作十分努力，他们小的时候生活并不宽裕，凭借努力奋斗取得成功，想让自己的孩子享受到自己没机会享受的一切。然而，正是因为他们替孩子做得太多了，导致孩子永远无法学会自食其力。父母的这种"善意"造成了孩子在生活中各个方面存在依赖性，最明显的就是经济方面。这些孩子长大成人之后对金钱的重要性没有概念，因此工作的动力很低。这样的孩子成年后不但会在经济上拮据，而且在人际关系和情感上也会有挣扎。

如果你有成年的子女，而且关系比较紧张，或者孩子在生活中的多个领域表现都欠佳的话,你也许需要反省一下自己的教育模式了,也许是你该向他们道歉的时候了。

即使不是故意冒犯也要道歉

我并不是说你在故意犯错误。你在努力关心孩子,然而,你的行为使孩子生活得艰难。你的道歉不能解决成年子女在情感和人际关系上的不适应,但是能够恢复你们之间的关系。道歉能够表明,你开始看到孩子多年以前就已经意识到但一直不愿意告诉你的问题。道歉向孩子传达的信息是,你意识到了自己的错误并且有勇气认错。

如果你知道成年子女的主要道歉语言,那么一定要在道歉中包含这种语言。如果不知道,那么我们建议你把五种道歉语言都说出来,这样做保证能说中对方的道歉语言。

例如,如果孩子的主要道歉语言是承认过错,即他们最想听到"我错了",而你却在道歉中漏掉了这一点,你可能会发现自己的道歉没能达到预想的结果——取得和解。真诚的道歉使原谅和真正的和解成为可能。

向兄弟姐妹道歉

在成长的过程中,大多数人都会伤害到自己的兄弟姐妹。如果父母没有教孩子道歉,这些伤害就会成为情感障碍,影响到手足关系。我记得迈克尔来找我咨询,他说:"大约在两年前,我成为了基督徒……但是有件事让我一直很烦恼:我和哥哥的关系十分不好,我们已经5年多没说过话了。母亲的葬礼后,我就懒得理他了。"

墓碑之争

"你们俩是为了什么事弄成这样的呢？"我问。

"是这样的。葬礼后我和姐姐与他商量给母亲立块碑。他说他不相信立碑的那套说法，还说那是浪费金钱。我听了非常生气，对他说如果他真的那样以为，我以后再也不想见到他。于是我和姐姐花钱买了墓碑，从那以后我和哥哥再也没见过面。成为基督徒后，我开始为这件事苦恼，因为我读了很多圣经里关于饶恕的经文。我觉得自己一直因那件事对哥哥耿耿于怀是不对的。"

"在你母亲的葬礼之前，你们哥俩儿的关系怎么样？"我问。

"我们相处得挺好的。"他说，"虽然说不上亲密无间，但是我们彼此尊重，从来没吵过架。母亲生病的时候，他没像我希望的那样经常来探望母亲，而我每天都会去探望母亲，姐姐和我差不多。但是他几乎一周才来一次。我猜想事情就这样一件一件地累积起来，到了墓碑的事的时候，我实在是忍无可忍了。"

"这件事你父亲怎么看呢？"我问道。

"我们很小的时候他就离开我们了，我已经很久没见过他了。母亲没有再结婚。她把所有的精力都花在工作上，努力不让我们挨饿。这大概是我恨哥哥的另一个原因吧。"

"我很理解你生气的原因。"我说，"如果我是你的话，肯定也会很生气。但是，我认为你对他说再也不想见到他，这话似乎有点过激。你同意我的看法吗？"

"我同意。"他说，"当时我气坏了，心里真是那么想的。但是现在我知道应该纠正这个错误。兄弟俩住在同一个城市却老死不相往来，这是不对的。"

"过去你哥哥曾因为什么事向你道过歉吗？"我问。

他想了一会儿，然后说："不记得他向我道过歉。但是他告诉姐姐说，他很抱歉自己没在母亲生病的时候多来探望。我知道以后很高兴，但是那时候我们已经决裂了。"

我向迈克尔解释了道歉的五种语言，以及我刚才问他哥哥是否道过歉的原因。"通常，人们会使用自己想听到的语言进行道歉。"我解释道，"因为你哥哥对你姐姐说过他很抱歉，所以我猜他的道歉语言是表达歉意，即'对不起，我对自己的行为感到很抱歉。'"

我真的很想你

"因此，我建议你主动去见哥哥，为你说话的方式及那些关于墓碑的话向他道歉。"

"那么做会很难。"他说。

"你说得对。也许这是你一辈子最难的事情。"我肯定地说，"但也许这也是你一生最有意义的事情。"我们一起研究出一个可行的道歉声明，内容大致如下：

> 我意识到，在妈妈的葬礼后，关于墓碑的事我对你的反应有些过激了，说了过分的话，我感到很抱歉。我知道那样不对，之后我反思了很多。真对不起，我说了那些话。我不知道你是否可以原谅我，但是我想请求你原谅我。我愿意做任何事来弥补我的错误。我那样对待你，说再也不想见到你，真的很抱歉。我真的很想你。我知道说出口的话无法收回，但是我很想对你说：对不起，我说过那样的话。我并不是那样想的，希望你能够原谅我。

迈克尔大声地读着这段道歉的话，泪水盈眶。"这就是我心里的想法。"他说，"我希望有机会告诉哥哥这些话。我应该怎么做呢？"他问。

"我建议你给他打电话，问他你是否可以找个晚上过去坐坐。如果他说不可以,我建议你过一个月再打给他。但是我个人觉得他会同意。如果他同意,你到了他家以后,别花太多时间闲聊,要直奔主题,让他知道你是为了一件困扰你很长时间的事来向他道歉。和哥哥见过面后,请你给我打个电话,我希望知道事情的进展。"他接受了我的建议,并感谢我与他见面。

哥哥的反应

6周后,迈克尔打来电话,跟我约下次见面的时间。

"太好了,我非常想知道事情的进展。"我很兴奋。

几天后,迈克尔来见我。"您不知道我多庆幸自己采纳了您的意见!"他说,"那是我这辈子里做过的最难的事。但是向哥哥道完歉后,他居然哭了。他说:'我知道我错了,我应该帮忙为妈妈买墓碑的。我不知道当时是怎么回事,我对这些感情上的事一向不大敏感。但是我现在知道自己错了。起初,你的反应让我很受伤、很生气。但是过后我意识到你有资格说我。如果换成是我,我大概也会那么说。所以我要告诉你,如果你可以原谅我的话,我也愿意原谅你。'

"我们抱头痛哭了很长时间。之后哥哥说:'我想知道那块墓碑花了多少钱,我想把应该由我分担的那份钱还给你和姐姐。'

"'不用了。'我说,'对我来说,我们俩能和好就足够了。'

"'我知道,但是我是为了自己和妈妈才想这么做的。'他泪流满面地说。

"'好吧。'我说,'我回去查查再告诉你。'之后,我们坐下来又聊了一个多小时,分享母亲去世后各自的生活。我们聊得很愉快,我觉得我们的关系恢复了。我邀请哥哥和嫂子下周到我们家一起野餐。能了解他们这些年的生活经历,我和妻子都感到十分开心。谢谢您给了我道歉的勇气。"迈克尔说。

强大的力量

"我很高兴你这样做了。"我说,"在人类的关系中,几乎没有什么比为失败承担责任并向被冒犯者道歉更有力量了。"

我相信,如果一方愿意主动道歉,很多手足关系可以得到恢复。虽然我无法保证所有道歉都能像迈克尔那样成功,但是我可以向你保证:一方选择道歉,一定会使彼此的关系变得更好。

向你的配偶道歉

婚姻关系是家庭关系的核心。健康婚姻的标志是:夫妻间在冒犯了对方的时候向对方道歉。学说配偶的道歉语言能够使夫妻间的道歉更有效,从而更好地恢复夫妻关系。

一个阳光明媚的下午,一对年轻的夫妻来到我(詹妮弗)的办公室。奥德丽和克里斯有一个孩子。尽管他们俩结婚已经 12 年了,但是看上去却都不像 30 多岁的人。奥德丽比较健谈,于是她向我解释了今天来找我的原因。最近,在查看电脑的历史记录时,奥德丽发现丈夫(他的工作时间比较灵活)常常在她离家上班之后浏览色情网页。虽然克里斯的行为对奥德丽造成了很深的伤害,但是他们两个都很希望能解决问题并加固他们的婚姻。

这对夫妻的愿望让我很感动——他们都很关心对方的感受,并都愿意讨论色情内容和亲密夫妻关系等问题。克里斯没有为自己的行为做任何的辩解。因为浏览色情网页让妻子很难过,克里斯已经同意以后不再看了。

从奥德丽这方面来讲呢,克里斯的表现让她很受鼓舞,但是她希望从丈夫那里听到的远不止于此。她想要他明白自己感到被欺骗了,而这是丈夫所不理解的。奥德丽充分发挥了她出色的论证技巧,和克里斯谈了好几个小时。如果事情反过来,她看其他的男人,他的感受会如何呢? 在这次谈话中,奥德丽讲述了为了让克里斯满意,自己付出的种种努力:减肥、任何时候都对克里斯无所保留。

通过这一番话,克里斯开始意识到,他看色情内容让奥德丽觉得自己无法满足丈夫的性需求。这件事让奥德丽觉得自己很失败。克里斯还认识到,自己的行为惹恼奥德丽不是简单地说声"抱歉"就能过得去,他觉得自己看色情网页是"错误的",因为这使奥德丽觉得他对她不是一心一意的。

"现在我知道自己错了。"克里斯当着我的面告诉奥德丽说,"之前,我真觉得那并没什么大不了的,现在我明白这件事有可能会破坏我们俩之间的亲密关系,而那是我最不愿意看到的。"

奥德丽长舒了一口气,并说克里斯对于色情网页看法的转变让他的道歉变得更有意义,这也会使他真的不再看色情网页;而且他这么做是发自内心的,不是被强迫的,这二者之间有很大的区别。

奥德丽的主要道歉语言是承担责任。她想要听到克里斯说:"我错了。"在来我这做咨询之前,他只会说"对不起,我伤害了你"。但是,对奥德丽来说,那句话显然是不够的。她认为那样的道歉并不真诚。但是,一旦丈夫愿意承认看色情网页是错误的,她就愿意原谅他。

克里斯和奥德丽不但看到了道歉的重要,也知道了说配偶的道歉语言有多么重要,了解了这一点,可能会使无数的夫妻达成和解。我们希望这本书能够帮助夫妻学习如何有效地向对方道歉。

向姻亲道歉

现在,流传着很多有关岳母(婆婆)的负面玩笑,以至于很多人不愿承认自己和岳母(婆婆)相处得很好。不过,自以为是的岳母(婆婆)的确可能成为晚辈的婚姻里一根拔不掉的"肉中刺"。在这一部分,我们会讨论岳父母与女婿的关系以及公公婆婆和儿媳妇的关系。姻亲关系有时会很难处理，根本原因是，婚姻把两套习惯与模式不同的家庭关系联结在了一起。这些不同毫无疑问会造成摩擦。不解决摩擦就会造成剪不断理还乱的"姻亲关系问题"。

几个月前一对夫妇来到我(盖瑞)的办公室。"我们无法理解儿媳妇。"凯瑟琳说，"她告诉我们，她希望我们在去看孙子之前要先打电话问她是否方便。这算是什么事儿啊？"

丈夫柯蒂斯补充说："我小时候，祖父母几乎每天都来看我。那是我生活中最重要的一部分。儿媳妇和艾伦约会的时候我们就很喜欢她。得知他们俩要结婚，我们都很高兴。可是现在他们有了孩子，她好像就变了。她为什么要把事情弄得这么复杂呢？"

我说："大概是因为她现在既是个妻子、母亲，又要上班，还要参加唱诗班的活动，生活十分紧张忙碌，而你们不打招呼就过去会给她带来压力。"

我看出他们对我的话感到很吃惊，所以就接着问："她和艾伦经常请你们照看孩子吗？"

"几乎每周都是。"凯瑟琳答道，"问题就出在这儿。我们努力帮助他们，好让他们有更多时间过二人世界。反过来，她却那样对我们。"

我向他们解释家庭动力学理论以及不同时代人之间的不同。"当你们是孩子的时候，生活比现在要简单、容易，节奏也较慢。那时候邻居间可以经常互相拜访，家家门廊里都放着休闲摇椅。但是在今天的世界里，门廊和摇椅已不复存在了。取而代之的是电视、电脑、游泳课、舞蹈课、钢琴课、社团活动等等。结果，双方父母想来就来的做法给年轻夫妻造成了更大的压力，因为他们在努力培养孩子。"

我告诉他们，在当今的文化中，儿媳妇让公公、婆婆在来之前先确定一下她是否方便，这种做法是正常的。我建议凯瑟琳和柯蒂斯在帮助照顾孙子们的时间以外，尽量不去儿子家里搞突然袭击。

然后我暗示他们需要向儿媳道歉，因为他们之前没有考虑到自已的不约而至给她造成了压力。显然他们没有想到这次对话会是这样的结果。我看得出来,他们在做思想斗争,试图理解我的话。我称赞他们能来找我寻求帮助,而不是让事情继续发展,否则他们进一步的言行可能会有损于姻亲关系。

"你们现在正处在婆媳关系的关键时刻。"我说,"我认为你们的真诚道歉能够弥补以前对她造成的伤害,使你们今后拥有良好的关系。你们知道她的主要道歉语言吗?"他们眼中一片茫然。看来这对他们是一个新概念。于是我向他们解释了道歉的五种语言以及说对方的主要道歉语言的重要性。

"我认为她的道歉语言一定是承认过错。"凯瑟琳说,"因为艾伦告诉我们:他们吵架的时候,她要艾伦说'我错了'。如果艾伦不说这句话,她就不觉得他的道歉有诚意。"

"我们假设那是她的主要道歉语言吧,"我说,"所以你们道歉时一定要记得说这句话。当然,再顺便说些别的道歉语言也可以。"我们花了几分钟的时间研究出一份道歉声明,具体内容如下:

> 我们已经认识到我们的不期而至给你、艾伦还有孩子们造成了不必要的压力。我们显然不希望那样。我们意识到我们以前的做法错了并希望你能够原谅我们。我们俩小时候的生活和现在是非常不同的:那时节奏更慢一些,人们可以在任何时候不打招呼就来拜访;现在不一样了。你们都承受着很大的压力。你得去工作、去教堂及参与孩子们的各项活动。我们自然是尊重这些的。你们让我们照顾孩子,我们很感激,而且和孩子们在一起我们很开心。所以,要是以后有任何需要的话,一定要告诉我们。我们保证以后会尽量避免不期而至的;我们会先打电话看看你是否方便。如果不方便,我们也不会生气的,因为我们知道有的时候生活的压力确实很大。我们非常爱你们两个人,希望你们拥有良好的家

庭关系和坚固的婚姻。我们希望成为你们的财富，而非负担。所以，请你原谅我们过去有点强硬，好吗？我们现在知道那种做法是错了，以后不会再那样了。

之后不久，他们告诉我他们的道歉很成功，并且觉得现在和儿媳妇的关系很好。"我想我们得学习如何在 21 世纪里生存了。"他们说，"谢谢您的帮助。"

如果一方愿意道歉并学习使用对方的主要道歉语言，大多数出现裂痕的姻亲关系都可以得到修复。

向叔叔阿姨道歉

现代社会里，家庭成员大多分散在各地。在这种大文化背景下，由于距离遥远，婶婶（阿姨）和叔叔（舅舅）这些人物通常是家庭关系中的次要角色。然而，如果能有机会和他们建立联系，人们自然希望拥有良好的亲属关系。建立良好的关系意味着在犯了错误的时候要及时道歉。

儿时的朋友维克托告诉我（詹妮弗）一个关于他的道歉故事。那是最令他震撼的一次经历。大约 40 多年前，他冒犯了安妮姨妈，但是姨妈接受了他的道歉并原谅了他。安妮姨妈表现出的爱给他留下了永不磨灭的印象。在叛逆的青少年时代，维克托和一个朋友到他姨妈的家里盗窃。他们拿走了一些现金和酒；但是维克托不准朋友拿个人物件，比如姨妈放在梳妆台上的戒指。

多年以后，维克托醒悟了，为自己的偷窃行为感到无比懊悔。他给姨妈写了一封道歉信表示忏悔，但是写好信后犹豫了好几周都没有寄出去。他实在讨厌向姨妈承认这样严重的错误，因为他非常尊敬她。后来有一天，他终于把信放进了蓝色的邮箱里，但即使在松开邮箱门把手的时候仍在顾虑重重地迟疑。

几周过后,维克托收到了姨妈的回信。信的内容很简短:"我一直都觉得那次是你偷了我的东西——偷东西的人很爱我,没有拿走我最为宝贵的东西。我想让你知道,我完全原谅你,而且我很欣赏你的道歉。"数周后,维克托终于鼓起勇气与姨父姨妈见面,那时姨妈已经病倒了。姨父姨妈重申了对他的原谅,并表示欣赏他知错就改。维克托的道歉正是时候,因为6个月后,安妮姨妈就去世了。维克托因为及时道歉而得以释怀。

维克托告诉我,他经常会想,要是他没在姨妈去世前道歉又会如何呢?他很高兴不用把这个道歉带到自己的坟墓中去了。总之,道歉能够加深关系,而不道歉会像一个枷锁一样套在我们的脖子上。

向(外)祖父母道歉

大多数人都认为(外)祖父母是心中充满慈爱、脸上挂着笑容、专为孙辈们做好事的人。但在现实生活中,什么样的(外)祖父母都有。有些与充满爱心的美好形象相吻合,另一些会很尖刻、自私甚至残忍。孙辈们自然也是什么脾气、什么性格的都有。有些人惹人怜爱,有些人行为可憎、很难相处,而且有时也会很尖刻、残忍。有些孙辈从(外)祖父母那里偷东西,另一些则对(外)祖父母的拘谨和宗教信仰出言不逊,还有一些甚至无视他们,远离他们。

很多时候,孙辈们可能需要为自己的言行向(外)祖父母道歉。了解长辈的道歉语言会为你更有效地道歉,恢复良好关系创造机会。

17岁那年,保拉在祖父母外出度假的时候偷偷开着他们的汽车出去兜风,没想到出了车祸,不仅把车撞坏了,自己也住进了医院。在此之前,她和祖父母的关系很好,他们经常给她零用钱和数不尽的礼物。但这件事使祖父母受到了很大的伤害,因为孙女辜负了他们的信任。他们做梦都没有想到孙女会这样利用他们。那天晚上,保拉和朋友们出去玩儿,还喝了很多酒。在酒精的作用下,她突发奇想地想开车兜风。朋友们努力打消她这个念头,但是保拉坚持说祖父母不会介意的。

两天后,祖父母度假回来,到医院看望了保拉。保拉身上没受重伤,但是情感上受到了重创。她知道自己让十分疼爱她的祖父母特别失望,所以,竭尽全力向他们道歉。

"对不起!"保拉说,"我知道我错了。我不应该利用你们的信任,我对自己的行为感到非常难过。很抱歉撞坏了你们的车。那天晚上我喝了些酒。我本来就不应该喝酒的,但这也不能成为偷开你们车的理由。对不起,希望你们能原谅我。"

祖父慢慢说道:"保拉,你的行为让我们非常失望。想不到你会做出那样的事来;而且你居然会喝酒,这令我们很伤心,因为那天晚上你有可能被撞死。我们知道你现在感到很抱歉,也感到悔恨。但是如果你真想诚心道歉,就要赔偿修车的全部费用。那样,我们才知道你的道歉是真诚的。

"我们爱你,希望你过得好,但是不能纵容你的错误行为。你必须为此承担责任。所以,等你身体康复了,我们就制定一个赔偿计划。你可以用你的零用钱和打工的收入赔偿我们。"

祖父母离开房间的时候,保拉仍处于震惊之中。她没有想到祖父母会做出这种反应。她以为只要痛哭流涕地道歉,他们就会完全原谅她的。其实,保拉没弄懂两件事。第一,祖父的道歉语言是弥补过失。对他来说,不包含赔偿的道歉就不是真诚的道歉。第二,祖父知道,如果不让孙女为自己的行为承担后果,过不了多久,她会再次喝酒,重蹈覆辙,甚至做出后果更严重的事情。他要求孙女赔偿修车费用,其实是在全力帮助她。

保拉的祖父过后承认说,他当时说出那些话真是无比困难,因为他爱自己的孙女。他祷告,希望那次车祸成为一次教训,使她永不忘记。

几个月后，保拉已经偿还了一半的修车费用。祖父对她说："保拉，你每月都按时偿还一部分修理费，这已经向我证明了你是个诚实守信的人。我希望你从这件事中得到一个重要的教训；而且，我深信你以后再也不会做这种事了。所以我想告诉你，我已经免除了你剩下的修车费用。你可以把那些钱用在别的方面了，因为你已经向我表明你道歉的诚意，而且也为自己的行为承担了责任。"

他紧紧拥抱住孙女。保拉哭了，说："谢谢您，爷爷。我真的很感激您那么做。这次教训我永远都不会忘记的，而且我以后再也不喝酒了。我已经想通了，生命远比酒精重要得多。"

"听你这么说我很高兴。"祖父说完，又紧紧地拥抱了她。

健康的家庭关系需要真诚的道歉，这是因为：每个人都有失败、犯错的时候。我们作为家庭的一员，也不是完美的。健康的家庭关系并不要求人人完美，但是要求我们以积极的方式对待失败。真诚的道歉是治愈伤害、重建关系的过程中最重要的一步。

道歉的五种语言
The Five Languages
of
Apology

第十一章
教孩子学习道歉

道歉的五种语言

表达歉意——说"对不起！"

承认过错——说"我错了！"

弥补过失——拿出行动！

真诚悔改——说"我不会再那样了！"

请求饶恕——说"请原谅！"

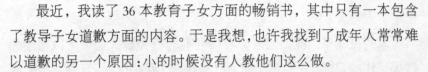

　　最近，我读了 36 本教育子女方面的畅销书，其中只有一本包含了教导子女道歉方面的内容。于是我想，也许我找到了成年人常常难以道歉的另一个原因：小的时候没有人教他们这么做。

　　我记得罗伯特·福尔格姆在他的畅销书《生命中不可错过的智慧》中说过："伤害了别人的时候要说'对不起'"。福尔格姆说，那是他在幼儿园里学到的十几个道理中的一个。于是，我决定和幼儿园的老师联系一下，看看现在幼儿园里是不是还教这个道理。结果我发现，所有老师的课程表里都不涉及道歉这一话题。如果某位老师觉得道歉很重要，她可能会尝试教孩子们说"对不起"。但是课程表里并没对这一点做出任何强调。所以，如果罗伯特·福尔格姆上的是现在的幼儿园，他的那本书里很可能就会缺少一章了。

　　在反思中，我问自己：为什么道歉不再是小孩子应该学的道理了？是因为当今社会的不道德风气使教育孩子道歉的素材变得稀缺了吗？是因为我们担心要求他们为伤害别人的行为道歉会伤害他们的自尊心吗？是因为对自由和创造力的热爱挡住了我们的视线，使我们看不到完全的自由会导致专制吗？还是因为人性本善的世界观（孩子们需要一个安全的环境来培养这种内在的善；只要环境好，孩子们就不需要道歉）？

　　无论如何，我认为福尔格姆先生是正确的，每个人都需要回到幼儿园重新学习。

　　如果成年人需要道歉——谁又能否认这种需要呢？——那么，在儿童时代我们就应该学习道歉的艺术。在本章里，我们想和大家分享一些对父母有用的想法，即你的孩子需要学习什么。

为自己的行为承担责任

　　教孩子们道歉的第一步是引导他们为自己的行为承担责任。这种引导可以在很早就开始，而且完全可以在没有犯道德过错的中立情境下进行。

　　人们在成年后掩饰问题、转移责难的行为模式通常可以追溯到孩提时代的习惯。举个例子吧，我(詹妮弗)两岁的儿子天真无邪。有一天他放了个屁，之后却责备起他的尿布来："我的尿布打嗝了！"

　　我姐姐伊丽莎白和姐夫比尔不经意间提醒我要尽早地帮助孩子学会为自己的行为承担责任。他们来巴尔的摩看我们，一起开车出去办事。外甥女安娜那时只有两岁大。路上，安娜认真地研究着我给她的薯条，用小手紧紧地攥着，很快就把它弄成了两段。安娜大叫道："它断了！"

　　"不，安娜，是你把薯条弄断了。"比尔回答说。

　　安娜欣然纠正自己说："我把它弄断了。"

　　我饶有兴致地留意着这次小小的更正，觉得这是在幼儿时期柔和地教孩子坦白行为的好例子。弄断薯条与道德、是非毫不相干，但是对帮助孩子学习为自己的行为承担责任却至关重要。

　　我(盖瑞)提到过我儿子的经典说法。他看到玻璃杯掉到地上摔碎了，说："它是自己弄坏的。"我们花了很多时间和精力才矫正了他的说法，让他学会说承担责任的话："我把杯子碰到了地上！""我在墙上画画了。"

　　为自己的言行承担责任是学习道歉的第一步。通常，孩子都会愿意承认自己的积极行为。例如："我已经吃了三口豆豆了，能吃些甜点吗？""我跑得最快！""我今天的作业得了个笑脸。""这是我在艺术课上画的画。"

相反,为不光彩的行为承担责任,孩子们可就没那么积极了。回想一下,你听过 3 岁的孩子主动承认诸如"我吃了妈妈不让吃的饼干"或者"我把尼科尔推下了楼梯"这些事情吗? 父母需要付出很大的努力才能让孩子学会主动承认过错。

教导孩子承认过错的一个方法是教他们重新组织说话的方式,用"我"开头。安迪忘了关门,把一只流浪猫放了进来。妈妈问他"这只猫是怎么进来的"时候,他回答说:"它自己进来的,我猜是从烟囱进来的吧。"

"我们来重说一遍。"妈妈说,"跟着我说:'我开了门,所以猫进到屋子里来了。'"

"我打开门进屋的时候,发现那只猫正在那儿盯着我看呢。"安迪看着妈妈微笑着说道。

"让我们再试一次。"妈妈说,"跟着我说:'我没关门,所以猫进到屋子里来了。'"

"我没关门,所以猫进到屋子里来了。"安迪重复着妈妈的话。

"那么又是谁忘了关门呢?"妈妈继续问道。

"那只猫忘了关门。"安迪大笑着说。

"那倒不错。"妈妈说,"但是事实上是谁忘了关门呢?"

"我忘了关门。"

"对了。当我们的句子以'我'开头的时候,我们是在为自己的行为承担责任。现在帮我把这只猫弄出房间去。我去拿些牛奶,你让门开着,也许猫会跟着我们出去。"

在这个过程中,妈妈不但很开心,而且还教会了安迪如何承担责任。

你的行为会影响到他人

教孩子们进行道歉的第二步是帮助他们明白自己的行为总是会

影响到他人：如果我帮妈妈摆桌子，妈妈会开心；如果我把橄榄球丢进屋子里打坏了灯，妈妈会难过；如果我对爸爸说"我爱你"，爸爸会感到被爱；如果我对爸爸说"我恨你"，他会感到受伤。我的言行或者会帮助人，或者会伤害人。当我帮助别人的时候，我的自我感觉很好；如果伤害了别人，就会感觉很糟糕。

生活中有一条黄金法则：你想要别人怎么对待你，你就怎么去对待别人。每一个孩子都需要学会这条黄金法则。它是正确对待他人的标准，同时也告诉孩子们：事情有好坏之分，应该渴慕做好事。

在生活中，我们有很多机会教孩子们个人的行为会对他人造成影响这个道理。希拉里6岁，上小学一年级。她弟弟丹尼尔4岁，正在上学前班。一天晚饭前，他们俩在一起玩。突然妈妈听到女儿对儿子说："你是个野蛮的人，从我房间里滚出去！"丹尼尔放声大哭，跑过来对妈妈说："姐姐说我是野蛮人。"

妈妈抱起儿子，说："我听到了。我得和她谈谈。你坐在这儿画画，我去和希拉里谈谈，好吗？"她走进希拉里的房间，说："希拉里，你是从哪里学来'野蛮人'这个词的？"

"在学校。"她说，"布拉德管伊桑叫野蛮人。"

"你知道这个词是什么意思吗？"

"意思是做了坏事的人。"

"不错。"妈妈说，"但是骂人是不对的。"

"可丹尼尔做了坏事。他把我的玩具房搞得一团糟。我把玩具都整理好了，却都被他打翻了。"

"你说得对，丹尼尔那样做确实不对。"妈妈说道，"他该向你道歉，但是你叫他'野蛮人'也是不对的，你骂他让他很受伤害。所以我想，你也同样需要对他说'对不起'。"

妈妈走进厨房牵着丹尼尔的手说："跟我来。我想与你们姐弟俩谈谈。我想，你们俩都知道你们刚才的做法不对。丹尼尔，希拉里在玩她的玩具房的时候，你闯进去把玩具房弄乱，是你的不对。这点你明白吗？"丹尼尔点点头。"你那么做让希拉里很生气，因为她需要费很多劲儿重新整理。而希拉里，当你骂丹尼尔的时候，你很深地伤害了他。你听到他不停地哭了吧？那是因为他受到了很深的伤害。当我们做不好的事情或者骂人的时候，就深深伤害了别人。这时候，我们需要说'对不起'。"

"希拉里，因为你是姐姐，我认为你应该先道歉。"

希拉里犹豫了一会儿，然后说："对不起，我不该骂你是野蛮人。"

"现在轮到你了，丹尼尔。"妈妈说道。

"对不起。"他说。

"为什么而感到对不起啊？"妈妈追问他。

"对不起我弄乱了你的玩具房。"他说。

"很好，现在你们两个拥抱一下。"妈妈建议说。他们互相拥抱了一下。妈妈说："很好。现在，丹尼尔去画画，希拉里回房间里玩。晚饭做好了的时候，我会叫你们俩。"

这位妈妈清楚地教导孩子：自己的行为会影响他人。做错了的时候，我们需要说"对不起"。

生活处处有规则

教孩子道歉的第三步是帮助他们明白：生活中处处有规则。最重要的一条规则就是上述的黄金法则：想让别人怎么对待自己，自己就要怎么对待别人。除此之外，生活中还有很多其他规则，其中大多数都是为了帮助人们过上更好的生活而设计的。很多父母都定下了"不许把橄榄球往屋子里扔"的规矩，这其中的原因是不言而喻的。其他规则还有："不拿不属于自己的东西。不造他人的谣言。过马路前先左右看。收到礼物或得到赞扬的时候要说'谢谢'。周一到周五要去上学，只有生病的时候才可以不去。"

孩子要遵守的规则有数百条之多。有些是父母定的,有些是老师定的,还有一些是祖父母定的。但不管是谁定的,这些规则都是为了使孩子拥有一个健康的童年,并帮助他们长大后成为负责任的人。

针对成年人的规矩更多。有些是自己给自己定的,如:"我一周要去健身 3 次,直到减掉 9 公斤体重为止。"有些是夫妻双方达成的共识,如:"我们要相互告知对方的日程安排。"另外一些规矩是政府定的。没有这种种规矩,生活将会一团糟。

为何及如何制定规则

在为孩子制订规则的时候,家长应该首先问自己这样的问题:"这条规则是否对孩子有好处? 它会对孩子将来的生活产生积极的影响吗?"还可以问自己下面这些实用的问题:

- 这条规则能保护孩子远离危险或伤害吗?
- 这条规则能培养孩子诚实、勤奋、善良、乐于分享等等美好的品格吗?
- 这条规则能够保护财物不遭破坏吗?
- 这条规则能够教孩子学会负责任吗?
- 这条规则能够教会孩子讲文明、懂礼貌吗?

以上这些因素是我们做父母的应该考虑的。回答这些问题有利于父母制订出对家庭有利的、健康的规则。父母希望自己的孩子远离危险和伤害,不希望孩子在街上发生车祸,也不希望他们与毒品有染。父母希望把与自己的价值观一致的美好品格教给孩子们。他们应该懂得尊重别人的财物,因此,不许他们在后院里打棒球以免打碎邻居的窗户。他们应该学会照看自己的财物,因此,会规定他们到晚上要把自行车放到车库里。

父母希望孩子长大成人后有责任心，也知道他们必须从小就学习这点。因此，要求孩子整理自己的床铺或清理地板的规定其实是在教孩子负责任。那么懂礼貌呢？有趣的是，当今的公司主管需要雇用礼仪培训师和顾问，因为现在的员工在社交礼仪方面的表现实在粗鲁和不成熟。我认为，这可以追溯到家庭中礼仪教育的缺乏。如果父母认为"请"、"谢谢"这些言语要比"给我"、"讨厌"这些粗话好，那么家庭中就会有关于这些礼仪的规则。

父母一旦对某一规则达成协议，就应该将这条规则告诉全家人。未说出口的规则是不公平的规则。你不能指望孩子达到自己不知道的标准。父母有责任让孩子确切地知道规则的具体内容。当孩子稍微成熟一些的时候，还要让他们知道制订这些规则的原因。如果孩子觉得父母真的爱他们，他们通常会认同这些规则的价值。

规则可以改变

好的家规不是一成不变的。如果父母意识到某一规则有害而无益，就应该做出调整。我们家以前有一条规矩：吃饭的时候不准唱歌。这与我的原生家庭有关，但并不符合我自己的家对进餐时间应该做些什么的看法。我妻子是个音乐家，而我个人也很喜欢音乐，所以我们很快就决定废除这条规则，转而鼓励大家在吃饭时间想唱就唱——只要唱歌的人嘴里没有食物就可以。

如果打破了规则……

有规则就有破坏规则后的相应后果。如果看到路边的提示牌子上写着"乱扔垃圾，罚款 100 美元"，我就会把糖纸塞到车子的脚垫下面。我可不想因为乱扔垃圾交给这个城市 100 美元。当然，惩罚措施不能使人人都遵守规则，高速公路边上成堆的垃圾就是证据。

后果也不是促使人们遵守规则的唯一力量。出于审美原因，我一直不喜欢在两旁堆满罐子、袋子和瓶子的高速路上驾车。对美的欣赏促使我不乱扔糖纸。但是必须承认，那 100 美元的罚款是促使我这么做的另一个原因。

打破社会规范常常会带来不良后果——受到惩罚。然而，当今社会面临的问题之一是，近年来，对做错事的惩罚被漫长而繁琐的法律程序推延了，或者被最小化了。我相信这是造成过去 25 年来公民不法行为不断增长的原因。要有效地促使公民守法，就要有明确的、行之有效的惩罚措施。

这个原则同样适用于家庭。不服从的后果带来惩罚，从而使人们学会服从。让人学会服从的基本要求是，破坏规则的后果会引起破坏规则者的不适。如果一个孩子因为把橄榄球扔进屋子并打碎了灯具而必须做出赔偿，下次他在扔球之前肯定会考虑考虑。

后果应该与规则尽量紧密地结合在一起。比方说，如果一个 16 岁的孩子超速驾车，他一周内将不得开车。如果再犯，也许两周内不得开车。很少有青少年能够忍受得了两周不开车的煎熬！

惩罚能够在制订家规的时候和家人共同讨论和确定惩罚措施，是最理想不过的了。这样做的好处是孩子事先就知道后果，于是父母不必在孩子犯规之后仓促地决定应该怎么惩罚，而且还能达到一个更理想的效果。

规则需要强制执行

一旦制订出了明确的规则和后果，父母就应该承担起责任，确保孩子的不良行为会得到相应的惩罚。想要努力培养出有责任心的孩子，父母面临的最普遍的隐患就是前后不一致的惩罚。这一次宽容、放任孩子，下一次则因为同样的行为严惩他，这样培养出来的孩子必然既不听话又粗鲁无礼。所以，孩子一旦违抗命令，就要马上承担后果。父母惩罚的时候一定要既有爱心，又态度坚决。

提前定好不良行为的后果可以使父母不受当时情绪状态的控制。如果事先定下奖惩制度，接下来只要执行就可以了。这样有利于避免因为当时情绪冲动而冲着孩子发怒或者对其体罚。

执行惩罚的时候，父母应该始终带着爱心，并且能够控制住情绪，不能冲孩子吼叫斥责，而是要对孩子的痛苦表现出深切的同情。要让孩子知道父母不得不惩罚他，对于惩罚他同样感到很难过。一个人不服从规定，就会有人受痛苦。孩子们正是从对别人的痛苦的理解中学会了服从的，而父母也正是通过始终如一的管教赢得了孩子的尊重。

在教孩子道歉方面，最重要的一点是：订立明确、有意义的规则和违反规则的后果，并在必要的时候公正且坚定地执行。这样可以让孩子认识到："我要为我的言行负责；遵守规则，我就从中得益；违反规则，我就要承受后果。"它培养了一种是非观：事情有对错之分。做得对就会有好结果；做得不对就会有不良后果。正是这种是非观和道德观帮助孩子们认识到道歉的必要性。

道歉可以恢复友谊

教孩子学习道歉的第四步是使他们明白道歉对于维持良好关系的必要性。当一个人的言行伤害了他人的时候，两人之间就出现了障碍。如果冒犯者不懂得道歉，这个障碍就会继续横亘在那里，会导致双方的关系破裂。伤人的言行把被冒犯者从自己身边推走，如果不道歉，他们会和冒犯者越来越疏远。无论是孩子、青少年或成年人，若认识不到这个现实，最终都会落得个形单影只的下场。

史蒂文正在妈妈的帮助下学习这一原则。一天下午，史蒂文走进房间，打开电视，懒洋洋地躺在地板上。"今天怎么回来得这么早啊？"他的妈妈莎伦问，"你们不是才开始在后院玩吗？"

"他们都回家了。"他回答。

"为什么？现在才 4 点钟啊。"莎伦问道。

"就是走了呗。"史蒂文说。

妈妈感觉到肯定出了什么事，所以问儿子："是因为发生了什么事，他们才早早回家的吗？"

"他们不想玩新的游戏，可那些旧游戏我都玩腻了。"

"那么你是怎么对他们说的呢？"

"我说要是他们不想玩新游戏的话，就回去算了。"史蒂文说，"于是他们就回去了。没关系。反正我已经玩腻了，倒不如看电视的好。"

莎伦知道儿子需要从中学习一个道理，但是她明智地认识到现在还不是给他上这一课的时候。于是她说："我会在一个小时后把晚饭做好，你可以看一会儿电视，然后就去做作业。"走回厨房，莎伦琢磨着怎么让儿子明白这样的道理：如果他还想交朋友的话，就不能总是那么我行我素。这也是她离婚的一个原因：史蒂文的爸爸就总是我行我素。

空荡荡的院子

第二天下午，莎伦下班回到家，发现邻居家的孩子们没有在后院里玩。她走进屋子，看到史蒂文正懒洋洋地坐在地板上看电视。"今天下午你们不打算一起玩了吗？"她问道。"他们没有露面。"史蒂文说，"我想他们去公园玩了吧。但我不想过去。"

"我今天晚上要叫外卖比萨。"妈妈说，"你想吃点儿什么？"

"意大利辣肠、蘑菇和双份的奶酪。"史蒂文说。

吃比萨的时候，莎伦祷告上帝赐给她智慧。"我想和你谈谈昨天下午发生的事。"她说，"请再和我说一次你对男孩子们说了些什么。"

"我昨天晚上都告诉过你了……我想要他们玩一种新游戏，是我在学校学到的。但是他们都不感兴趣，还想玩老游戏。我喜欢新事物，不喜欢每天下午都玩同样的游戏。"

"那你对他们说了些什么？"

"我告诉他们如果他们不想玩新游戏的话，就回家好了，因为我已经玩腻了老游戏。"

"你今天在学校里见过他们吗？"

"我在走廊里看到奥斯汀了，但是他没看见我。"

"这么说，他们今天都没有和你说过话，下午也没有人来玩儿。是吗？"

"是的。"

"史蒂文，我知道你很难过，因为我知道你是个爱玩儿的孩子。我很欣赏你喜欢新事物这一点，但是你对他们说的话未免太刻薄了。"

"我以为他们不会真的离开，"史蒂芬说，"直到人都走了，我才意识到自己说了什么话。恐怕他们再也不会回来了，再也不会有人和我玩了。"史蒂芬的眼睛开始湿润了。

莎伦的心都碎了。她真想把儿子拉过来拥抱他，但是她知道那样并不能解决他的问题，所以继续谈话："我想给你一个建议，而且知道你做起来会很难。我认为你需要向奥斯汀还有其他人道歉。告诉他们你对当时自己说的气话感到很抱歉，事情发生后你一直很难过，请他们原谅你。"

"但是，妈妈，那样他们会认为我没有骨气。"

"他们怎么想不重要，重要的是你内心真正的想法，你知道自己是在气愤中说的那些话。我不知道他们是否能够原谅你，也不知道他们能不能和你继续做朋友、一起玩。但是，有一点我很确定，那就是：如果你不道歉，他们是不可能回来的。我们都有生气的时候，都会说一些过后会后悔的话。但是如果我们愿意道歉，人们通常会原谅我们。你知道，我们需要向别人道歉，别人也需要向我们道歉。道歉是成熟的表现。我知道这做起来很难，但是我相信你是个男子汉，一定能够做得到。"

"好吧,我知道你说的对,妈妈。但是那么做太难了。"儿子说。

"我知道。"莎伦说,"但这是成长的一部分,也是交朋友的一部分。"

公园之行

晚饭后,史蒂文说:"妈妈,我要去一趟公园,看看他们在不在那儿。"

"去吧。"莎伦说,"记得带上手机。需要我就给我打电话。"他点点头,就出了门。莎伦再次祷告。她知道儿子将要做一件对他来说最难的事,如果他有勇气道歉,会成长为一个真正的男子汉。

一个小时过去了,没有什么动静,莎伦几乎按捺不住了。她不断猜测着事情的进展。于是借口要去商店买牛奶,开车去了公园。在那里,她看到儿子正和奥斯汀他们一起玩儿呢。这回她终于放心了,就掉头回了家。

又过了一小时,史蒂文回来了,满身大汗。"怎么样?"妈妈问他。

"好极了。他们真的很好,说人都有生气的时候,所以没关系。他们邀请我一起玩儿,我们玩得很开心。我告诉他们明天可以到咱家院子里来玩儿。"

"太好了!史蒂文,我真为你感到自豪。有你这样的朋友是他们的幸运,有你这样的儿子是我的幸运!"

第二天下午,莎伦下班回来,看到邻居家的孩子都在后院玩儿呢。她长吁了一口气,放下心来,感谢上帝让事情进展得如此顺利。

孩子们必须懂得,我们在意识到自己伤害了朋友的时候,要进行真诚的道歉,以恢复友谊。这个道理就是孩子们需要学习的人际关系的重要一课。

学习说道歉的五种语言

教孩子学习道歉的最后一步是教他们说道歉的五种语言。回顾一下本书开头列出的五种道歉语言的清单。记住,我们的目标不仅仅是让孩子知道这五种道歉语言,还要保证他们能够应用自如。

说道歉语言的熟练程度与孩子年龄的增长成正比。这与学习一门语言的发展过程非常相似。孩子学习说话是从"书、鞋、脚"等这些与特定物体相关的单词学起。之后,开始学说"是、否"等与思想相关的单词。这之后,学习理解一些句子,如:"我们出发吧!""我们穿衣服。"随后,学说一些句子,如:"我不喜欢豆子。""我想要去玩儿。"直到年龄较长的时候,才开始学习语法规则和复杂的句子结构。孩子的词汇量和理解程度随着年龄的增长而增长。教孩子学习道歉语言同样需要一定的过程。

一个两岁的女孩可以学习在拽了姐姐的头发之后说"对不起",或者当两岁的小男孩故意把吮吸杯从桌上扔到地上的时候,可以说:"我错了。我没有遵守(规则)。"这样,孩子们从最简单的层次开始学习如何为自己的行为表达歉意和承担责任。

当一个 3 岁的孩子把弟弟推下楼梯,弟弟躺在地上满脸泪水的时候,妈妈可以安慰摔下来的孩子,同时教 3 岁的孩子说:"我错了。对不起。"还可以鼓励他说:"去为弟弟拿邦迪创可贴来。"或者让他对弟弟说:"让我来把你腿上的沙子清理干净吧。"取创可贴或者清理腿上的沙子其实是在教孩子学习做出补偿。在孩子很小的时候,也可以教他们说:"我以后不会再那么做了。请你原谅我好吗?"这样他们就学会了真诚悔改和请求原谅这两种道歉语言。

随着年龄的增长,孩子对于为什么伤害了他人就要道歉的领悟力和理解力也会增长。当孩子到了 6 岁,他的道歉会更有意义,因为这个年龄段的孩子已经对"事情分对错"的道理有了更深层的理解。当我们做错事情的时候,就伤害到了他人,所以要道歉,以使他们感觉好一些。我们希望他们能够原谅我们并和我们继续做朋友。

早点儿开始学习

实际上,孩子在很小的时候就能学会道歉的语言。随着年龄的增长,他们对道歉的重要性会有更深的领悟和理解。在很小的时候就学习说道歉的五种语言,可以为孩子今后的道德和人际关系发展奠定基础。很多成年人觉得很难道歉的原因之一就是他们在童年时代没有学过这些内容。

孩子可以在幼儿期(2~6 岁)学会说所有五种道歉语言。这个时期,道歉的动力主要来自于外界,通过外来的刺激进行学习:父母坚持让孩子说"对不起"、"我错了"或者"我没有听话"。教孩子说这些话的方法与教他们说"谢谢"、"不客气"和"请"的方法并无二致,那就是不断重复、期待并时不时地在孩子不说当说的话时限制他们的一些特权。

从一年级到十二年级,孩子开始学习这些概念,并且扎根在他们心里,然后自发地说出来。当孩子没受到任何外来督促就说出"谢谢"、"请"、"不客气"的时候,哪位父母不感到自豪呢? 同样,当听到孩子自主地使用了一种或多种道歉语言的时候,父母就知道自己对他们的教育在起作用了。我永远记得十几岁的儿子对我说出下面这些话的那个晚上:"对不起,爸爸。我错了。我不应该冲着你喊叫。希望你能够原谅我。"我当然原谅了他,而且把这个好消息告诉了妻子。显然,我们辛辛苦苦地教他学习道歉,终于获得了回报。如果他能向自己的父亲道歉,那么将来他也能够对妻子或者自己的孩子这样道歉。

榜样的力量

这件事使我注意到,教较大一些的孩子学说道歉语言的最有力的方法就是自己做出榜样。当父母为自己的刻薄话或不公正对待而向孩子道歉的时候,他们其实是在对孩子进行最有力的教育。小孩子会听父母的话,而大孩子则会效法父母的行为。

有些父母辩解说:"我不想向孩子道歉,因为那样我会失去他们的尊重。"这种想法是不正确的。事实是,真诚向孩子道歉的父母会得到孩子更多的尊重。孩子能够分辨出父母的做法是对是错。冒犯行为就像屏障一样挡在父母和子女中间。当父母道歉的时候,孩子通常会愿意原谅,于是屏障被消除,关系得到恢复。父母向孩子道歉的时刻,无比美好。

爸爸,我为你感到骄傲

帮助孩子学习道歉的第二个有力的方法是,在你向别人道了歉后,把经过告诉孩子。有位父亲告诉我说:"我曾与一位同事发生口角。在我们争执的过程中,我朝他大发雷霆,还说了一些非常过激的话。那天晚上回到家后,我感觉很糟糕,意识到自己把事情搞砸了。于是我把事情告诉了妻子,让她为我祷告,使我第二天有足够的勇气去道歉。她祷告了,而我也道歉了。

"星期五晚上开家庭会议的时候,我把这件事告诉了两个孩子。等我说完,10 岁的儿子看着我说:'爸爸,我为你感到骄傲。很多人都不会回去道歉的。'

"'谢谢你,乔纳森。'我说,'我得承认道歉确实很难,但是那是正确的做法。'

"过后,我和妻子一起谈论这事,我们很高兴我把这件事告诉孩子们。我们都意识到这件事对他们产生了莫大的积极影响。"

我希望每位父亲都能够向这位父亲学习。

如果父母学会如何向对方、向孩子及向他人道歉,那么孩子也能学会说道歉语言。如果人人都学会道歉,它对我们的文化的影响是可想而知的。在本书的最后一章中,我们将更全面地论述道歉的这种作用。

言语种五的歉道

道歉的五种语言
The Five Languages of Apology

第十二章
向恋人道歉

道歉的五种语言

表达歉意——说"对不起！"

承认过错——说"我错了！"

弥补过失——拿出行动！

真诚悔改——说"我不会再那样了！"

请求饶恕——说"请原谅！"

约会被誉为最受美国单身者欢迎的运动项目。单身者聚会时问得最多的问题就是："你在和谁约会啊？"无论我们如何定义约会，说到底它是一项关系运动。大多数运动的焦点是赢，也就是说一定有人输。但约会这项运动的目标是双方都过得开心，是个双赢的运动。否则，这段关系必然短命。

23 岁的林赛与扎克约会了 9 个月，如今刚刚分手。"我跟他分手是因为他总是爽约。很多次我们本来都约好了，可是他总是迟到，要么就是干脆不露面。这让我非常尴尬。我不能把一辈子的时间都花在等他上面。我们在一起的时候，他倒是挺有趣的。虽然我喜欢和他在一起，但是已经不值得了。"显然，这段恋情给林赛带来的沮丧远多于快乐，所以她打算另寻友谊了。

道歉也是一段恋爱关系的健康指示器。很多恋爱中的人没有注意到这一点，更很少谈论。在健康的恋爱关系中，冒犯者会真诚地道歉，而被冒犯者会大度地原谅，这样恋情才得以继续下去。在不健康的恋爱中，冒犯者要么不道歉，要么道歉得不充分，导致冒犯事件成为恋情发展中的一个无言的障碍（林赛的恋爱正是这种情况）。随着障碍的不断积累，当被冒犯方觉得"受够了"的时候，恋爱关系也就结束了。

林赛与扎克分手是因为：在林赛看来，扎克的道歉更像是蹩脚的借口而非真正的道歉。他总是说："对不起，我被扣在办公室了。"或者："对不起。交通太拥堵了。"林赛的主要道歉语言是"真诚悔改"，而扎克从来没有表达过愿意做出改变的想法。因此，林赛最终放弃了这段恋情。

很多恋情不幸夭折是因为一方或者双方都没能有效地道歉。

当然,很多人谈恋爱不仅仅为了寻求一段牢固的关系(那自然是益处之一),他们是在寻找"灵魂的伴侣"(能共度一生的人)。恋爱的双方会很快过渡到谈婚论嫁的阶段。虽然恋爱的目的远不止于"找个伴儿",但是在西方社会里几乎每个人在结婚前都谈过恋爱。

超越感觉

人们在决定是否和某人结婚时,考虑的关键问题似乎是:"我们是真的相爱吗?"假定两人真的彼此相爱,那么婚姻就会带来他们一直寻求的幸福。然而,这里所谓的"爱"通常是指浪漫的情感层面。对这种爱的一个定义是:"爱是你所体验到的一种前所未有的感觉。"在早前出版的《单身爱之语》中,我论述了这一问题,并试图帮助单身人士更好地理解"相爱"这种情感体验的一个本质:短暂易逝。我谈到如何搭建从比较盲目的"相爱"阶段到目的性更强的"选择爱"阶段的桥梁,以使恋爱关系中的情感之爱保持活跃。

我不会在此重复那些论述,但是我想说明:如果恋爱双方不学习说对方的爱的语言,他们之间的情感之爱就会消逝。如果学习使用正确的爱语,情感之爱就可以保持活跃长达一生之久。

"我已经忍无可忍了"

为什么在恋爱关系中学习和使用道歉的五种语言很重要呢?首先,它是有效处理人性的不完美的唯一方法。如果约会期足够长,你的言行终究会冒犯到恋人。这是一个没有例外的现实。真诚的道歉是处理这些冒犯行为的最好方法;而没有解决的冒犯会导致恋爱关系最终破裂。

查德和尼娜谈了两年的恋爱。一天,尼娜对查德说:"查德,我觉得我们应该各走各的路了。跟你恋爱让我太痛苦了,不能再这样下去了。"

一周后,我去观看棒球比赛,看到查德也在看台上。他显得很沮丧,于是我问他:"你最近好吗?"

"不太好。"他说,"尼娜上周和我分手了。"

"为什么?"我问。

"她说我从来都不真正地道歉——每次我道歉的时候,都会把问题推到她身上。"

"她给你举出具体的例子了吗?"我询问。

"嗯。她说起了我最近的一次道歉。我猜正是这次的事让她最终做出分手的决定吧。当时我向她发火,说她妈妈总是夹在我们俩之间妨碍我们,她也不管。也许我的声音有点儿大,她抱怨我冲她大喊大叫。我说:'你要是不把你妈看得比我重要的话,我就不会冲你喊了。'我不觉得这是在谴责她。我只不过实话实说。"

我明显地看出,在道歉方面,查德有很多东西需要学习。后来我给他和尼娜做了几次咨询。我认为他开始对道歉有所了解了,但是尼娜仍然不愿意再继续他们的关系。"我无法和一个总是找借口推卸自己的责任,把问题都怪罪到我头上的人生活在一起。尽管这个问题我们已经讨论过很多次了,他还是没有做出过任何改变的努力。如果他肯改变,那很好。也许这样他可以和别人约会,我已经无法再忍受他了。"结果,查德在道歉方面的失败导致了恋情的终结。

道歉的诚意在诠释中消逝

我们需要学习和使用五种道歉语言的第二个原因是,它能够加深我们对道歉的领悟,使我们的道歉更有效。如果你发自肺腑地说"对不起",而你的伴侣希望听到的却是"我错了",那么你的道歉诚意会在诠释的过程中消逝。在这个例子中,要想使道歉有效,你需要说"承认过错"这种语言。否则,虽然你自以为满心真诚地道歉,但是你的诚意并没有在情感上打动对方。

小心红色警报

在恋爱关系中需要学习和使用五种道歉语言的第三个原因是,道歉是一个指示器,它能告诉你:如果你们俩结了婚,生活会是什么样子。"爱情是盲目的"这个观
点在道歉领域里得到了最好的体现。有的时候,人们出于"爱"的感觉,会忽视一些冒犯行为,或者即使对方不道歉也会原谅。然而,那些在恋爱阶段不肯道歉或者对表达道歉的诚意缺乏理解的人,很可能给婚后生活带来麻烦。这正是发生在简和卢卡斯身上的事。

结婚还不到一年的时候,简已经在考虑离婚的问题了。她觉得卢卡斯完全沉浸在事业中,几乎没有时间关心她。"最糟糕的是那个周五的下午,他打来电话说:'我的工作太忙,可能还要花两三个小时才能做完。我不想让你一直等着,所以不如你先自己开车去小木屋,我晚些时候过去找你,好吗?'"

简坐在我办公室里,一边哭一边说:"那可是我们结婚一周年纪念的度假!正是那个时候我开始意识到,在他心中,我不如工作重要。"

为了更好地了解情况,我询问了他们这一年的婚姻生活,发现卢卡斯无数次把自己的工作置于婚姻之上——至少,简是这么认为的。"他为此道过歉吗?"我问。

"没有。"她说,"他总是找借口,然后在第二天送我玫瑰。我恨他的那些玫瑰。有一次我让送货员把玫瑰送给了隔壁的邻居,说是她丈夫送的。我想也许有人会喜欢那些玫瑰吧。"

我又询问了他们的恋爱关系。他们在大学三年级的时候开始恋

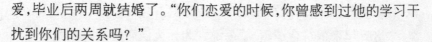

爱,毕业后两周就结婚了。"你们恋爱的时候,你曾感到过他的学习干扰到你们的关系吗?"

"你这个问题很有意思。"她说,"他的学习倒是没什么,但是他在校内的体育活动带来了比较大的干扰。他是兄弟会的主席,又酷爱运动。有的时候我们两周都见不上一面。他会给我打电话告诉我他的情况。起初我并不为此烦恼,但是后来开始意识到我在他心里的优先次序上只能排到第二或第三位。大学三四年级的时候我们经常因为这个吵架。"

"他那时曾为自己的行为道过歉吗?"我问。

"现在回想起来,他从来没有道过歉。他总是说:'结婚后我会好好补偿你。'我相信了他的话就盼着快点儿结婚。可他从来就没改变过。以前他只顾着兄弟会,婚后他只顾着工作。"

简的表情表明她现在才恍然大悟。过后她告诉我,她从来没有把丈夫在大学里的表现和婚后的表现联系起来过。

卢卡斯成长于一个父亲从不道歉的原生家庭里。父亲是个非常成功的商人,是卢卡斯的榜样。问题是他也学习到了父亲从来不道歉的习惯。如果简早就懂得道歉在恋爱关系中的重要性,她本可以在结婚前就让卢卡斯正视这个问题。相反,她忍受着卢卡斯的种种借口,并把希望寄托在婚后他会有所改变上。

最理想的情形应该是:简让卢卡斯正视他从来不道歉的这一现实,向他解释道歉对于发展健康恋爱关系的重要性,然后一起学习对方的道歉语言以便为婚姻奠定一个健康的基础。显然,事情并没有这样发展。

所幸,通过咨询,卢卡斯发现了他处理婚姻关系方面的弱点并愿意改正。在他思考真诚道歉的同时,也仔细审视了自己心里的优先次序。他开始摆脱"工作狂",和简一起构建一个坚固的婚姻。

大多数人不会在婚后根本改变他们的行为模式,还是会按婚前形成的行为模式生活。如果婚前能做到真诚地道歉,婚后也会这么做；如果婚前做不到，就别指望婚后会道歉了。

"这听起来很符合逻辑。"简说，"为什么谈恋爱的时候我看不到这一点呢？"

"因为你那时被'爱'的喜悦蒙蔽了。"我告诉她说，"很多人在恋爱的时候都看不到现实。"

解除红色警报

我相信，如果懂得道歉的重要性，单身男女在恋爱的时候会更关注这一问题。恋爱阶段两个人对于对方的道歉语言学习得怎么样，决定了婚后他们如何处理冒犯行为。如果婚前在这方面没有任何进步，就等于给婚姻亮起了红灯："还不是结婚的时候。"

下面是三对恋人的例子。在恋爱时他们把道歉作为一个重要的考虑因素，结果发现这种做法使他们的婚后生活受益良多。

"我打算找别人谈恋爱了"

桑迪的个性喜怒无常，经常因为态度过于消极而糟蹋了美好的约会。汤太热了，沙拉不新鲜，牛排太硬——这些抱怨让花费心思请她到高级饭店吃饭的赖安很是泄气。"开始的时候，我以为她可能是因为赶上每个月的那几天特殊时期。"赖安说，"后来发现这跟日期和地点一点儿关系都没有；无论何时何地，她总是有所抱怨。我已经打算把她甩了，再找别人了。

"所以我告诉她我们还是分手吧。她问为什么，我就和她摊牌了。心想反正自己也没什么损失，也许告诉她还会对她有帮助呢。"

然后赖安告诉了我接下来发生的事："我从来没听到过那种道歉！"他说，"当时，我对道歉的五种语言一无所知，可她把所有的五种语言都用上了。

"我感觉到她是真心诚意地道歉,所以问她是否愿意去做咨询。她同意了,并说咨询这事她已经考虑一阵子了。随后,她约了咨询师。真正的改变从那时开始。6个月后,她完全变了一个人。

"这都是一年前的事了,我们现在已到了谈婚论嫁阶段。她是一个非常出色的人。现在她已经学会拥有积极的心态,我们在一起十分开心。"

在桑迪这个例子中,真诚悔改意味着去做咨询。有些人也许会说是咨询挽救了他们的关系。但是如果不是赖安怀着爱心提出问题,桑迪进行道歉,咨询也就不会开始。是道歉打开了原谅的大门,而咨询使他们之间的关系得以成长。

我们都处于成长的进程中,各有缺点。当我们道歉并愿意做出改变的时候,我们的恋爱关系便有机会得以继续发展,茁壮成长。

"问题解决工"解决的问题

杰克和尼基已经约会两年了。"我们的恋情是缓慢发展的。"杰克告诉我,"第一年,我知道我们俩都没把那当作约会,只是偶尔一起吃吃饭、打打网球。然后有一天晚上,我有一种强烈的冲动想吻她。我问她:'我可以吻你吗？'她回答说:'当然可以。你愿意吻我吗？''是的。'我回答着,慢慢移向了她的双唇。我不知道这究竟是怎么发生的,但是从那天晚上开始,我们确定无疑地在约会了。

"接下来的6个月,事情进展得很顺利,之后我开始注意到,她总是说我把她当成小孩儿对待。我不知道她是什么意思,就让她解释。她说:'当我和你说工作上的问题时,你总是告诉我该怎么做。第二天,你总会问我是不是按你说的做了。我不喜欢那样！感觉你像我爸爸——告诉我该做什么,然后检查我是否做了。'"

"和您坦白说吧,"杰克说,"她的回答让我非常吃惊。我没有意识到她那么生我的气。我只是想帮忙而已。于是我开始读一些相关的书籍，发现有很多人像我一样。有一本书把我们这种人称作'问题解决工'（fix-it man）——你告诉我们一个问题，我们就会给你一个解决方案。当她和我说一些问题的时候，我真的以为她想要的就是解决方案呢。现在我明白了，她真正想要的是我的理解，而不是答案。所以，我学会了说：'我能够理解你为什么会感到生气。如果换成是我的话，我可能也会有同样的感觉。'要是她不问我该怎么办的话，我是绝对不会给她任何建议的。"

"这就对了。"尼基对我说，"他真的做出了改变。我永远忘不了他道歉的那个晚上。那大约是在我指出这个问题之后的第二周。他可能需要些时间来消化整件事吧。他是这样开始道歉的：'对不起。我没有意识到自己的做法伤害了你。我真的只不过是想帮助你而已。现在我意识到自己的做法错了，危害了我们的关系。我真的很抱歉。'然后他问我，当我和他说工作或生活方面的问题时，我希望他做出什么样的反应。他愿意改变并且征求我的意见。我很感动。他的道歉太真诚了。"

"这件事对我是个很大的教训。"杰克说，"我以前从来没有想过这种事情。现在我知道问题出在哪儿了。但是当时，我真是一头雾水。我很开心她能再给我一次机会，而不是直接跟我分手。现在我们的关系更紧密了，因为我更了解她了。事实上，现在有的时候她确实会询问我的意见。通常我会在回答之前笑着问她：'你真的想听听我的想法吗？'"

后来我发现，尼基的主要道歉语言是真诚悔改，次要道歉语言是承认过错。所以当杰克说"对不起，我错了。我将来应该怎么做呢？"的时候，就说中了她的道歉语言。尼基看到了杰克的诚意，所以能够真心地原谅他。

恍然大悟

在一次道歉语言研讨会结束之后，杰克逊和萨拉找到我，说他们刚刚恍然大悟——"我们俩之间的一个大问题"是没有说对方的道歉语言。

杰克逊道歉时总是说"对不起"，但这并不是萨拉想要听到的。"我想听他说：'我错了，请你原谅我，好吗？'"萨拉解释说，"参加这次研讨会之前，我从来没意识到那就是我想要从他那里听到的话，只是觉得一句'对不起'似乎有些苍白。"

我看了看杰克逊，问他说："你的道歉语言是什么？"

"最主要的是弥补过失。"他说，"我希望她能做些事情来补偿我。"

"她通常是如何道歉的呢？"

"她会说：'我错了。请你原谅我，好吗？'我每次都会原谅她，但是总觉得她的道歉不够真诚。现在我知道原因了。我自己做错事的时候，通常会带她到高档饭店吃晚饭或者送她礼物作为补偿。"

"我很感激你的努力，但是那无法完全取代'我错了。请你原谅我，好吗？'这句话。"萨拉说，"事实上，有时候我认为那些礼物和晚饭是不想道歉的借口。"

"谢谢您今晚和我们分享了对道歉语言的看法。"杰克逊说，"我想我们今后的关系会有很大不同的。"

8个月后，我和妻子收到了杰克逊和萨拉的婚礼请柬。在婚礼上，我趁机问他们："你们俩在说对方的道歉语言方面做得怎么样啊？"

"我们做得好极了，她学会了做出补偿，而我学会了说'我错了。请你原谅我，好吗？'这句话。"杰克逊说。

萨拉补充说："在准备婚礼的过程中，很多时候我们需要互相道歉。"

"你们正在踏上通往美好婚姻的旅程。"我说，"记住，所有美满婚姻都需要真心的道歉。"

学习道歉是一种生存技巧，它能让我们的所有人际关系变得更真实、更真诚。恋爱是一个成长的过程。可以说，在恋爱关系中，没有比学习和熟练运用对方的主要道歉语言更重要的事情了。

道歉的五种语言
The Five Languages
of
Apology

第十三章
向顾客和同事道歉

道歉的五种语言

表达歉意——说"对不起！"

承认过错——说"我错了！"

弥补过失——拿出行动！

真诚悔改——说"我不会再那样了！"

请求饶恕——说"请原谅！"

一天，我在当地的一家银行排队办理业务。虽然我只等了不到 90 秒钟，但是轮到我的时候，柜台出纳员面带微笑地对我说："很抱歉让您久等了。"

"没关系。"我说，把要办理的业务单据交给了她。她处理完后问我："您还有其他业务需要办理吗？"

"没有了。"

她再次微笑，接着说："祝您下午愉快！"

"谢谢，也祝你下午愉快。"

从银行里出来我开车去了邮局，在那儿排了 13 分钟的队才来到柜台前，可是邮局工作人员什么也没说。"我想要寄一份特快专递。"我说。

她还是没有任何回应，埋头计算邮资。"二块二毛钱。"她说。

我给了她五元钱，她找了零钱和收据一起交给我。

"非常感谢。"走开的时候我这样说道。

开车回办公室的路上，我回想着这两次经历。在银行的经历更愉快也更友好，而在邮局我觉得自己更像在和一台机器而不是和一个人打交道。为什么我对这两次经历的反应会如此不同呢？我问自己。大概是因为银行出纳员在开始为我服务之前因让我"等待"而道歉，而邮局工作人员什么都没说吧。

又过了一些天，我回想过去 10 年里我去银行和去邮局的情形，发现每次受到的接待都是一样的。如果我在银行排队等待，每个出纳员都会说"很抱歉让您久等了"。然而在邮局，我记得从来没有哪位工作人员对我说过那样的话，尽管我在邮局等待的时间总是比银行长得多。

成功公司的经验

显然,银行的员工接受过道歉的培训而邮局的员工没有。结果,作为一名顾客,我更喜欢去银行。有些人可能会争辩说,出纳员的道歉只是例行公事,不是出于真诚。事实也许是这样,但我还是很感激有人为我的等待表示抱歉。

成功的公司早就懂得了道歉的力量。绝大多数公司都会赞成"顾客总是正确的"这个理念。这往往意味着员工要在接到投诉的时候向顾客道歉。

服务于顾客

几周前,我去当地一家比萨饼店吃晚饭。饭后我和饭店的经理攀谈起来。"如果顾客对你们的服务不满意或者投诉,你们会如何处理呢?"我问。"顾客说了算。"他毫不犹豫地说。

"这话怎么讲?"我询问。

他拿出一张纸,在上面写下了几个词:

倾听(Listen)

道歉(Apologize)

关注(Show concern)

感谢(Thank the customer)

"这就是我们的政策。"他说,"我们倾听顾客的投诉,向顾客道歉,然后认真关注由我们的服务造成的问题。最后,我们感谢顾客为我们提出的宝贵意见。"

"这个方法有效吗?"

"到现在为止，效果一直都还不错。而且比较幸运，我们收到的投诉并不太多。"

"很好。"我说，"我自己是没有什么要投诉的。食物相当好吃，服务也很到位。"

"谢谢。"他说，"那是我们的目标。"

我接着说："在过去的两年里，我一直在做道歉这方面的研究。你想知道我都研究出来些什么了吗？"

"当然。"他说。

既然他把处理顾客意见的方法写了下来，我决定把道歉的五种语言也写出来：

表达歉意——对不起！
承认过错——我错了！
弥补过失——我能做些什么来弥补你？
真诚悔改——我会努力不再做这样的事！
请求饶恕——请你原谅我，好吗？

我向他解释说，我们的研究表明，每个人都有一种主要的道歉语言，如果你不说出他们的语言，他们会认为你的道歉缺乏诚意而不予接受，这就是有时你虽然道歉了但顾客可能还是很生气且不会再光顾的原因。"你有过这样的经历吗？"我问。

"我的确遇到过这样的事。大约三周前，两位女士来我们这里用餐。我们的服务员不小心把饮料洒在了餐桌上和一位女士的身上。服务员立刻道歉，拿来纸巾把桌子清理干净，然后请两位女士换一张餐桌进餐。我得知此事就走过去询问两位女士是否一切都好。"

"不好！"那位被弄脏衣服的女士说，"事实上，我必须先回家换衣服，然后才能继续晚上的活动。我决定来这里吃饭的时候，可没想到会发生这样的事。"

"我看得出来她依然很生气,"他说,"所以我就使出了我们的最后招数。"

"到底发生了什么事?"我问。

"我倾听她述说事情的经过:服务员是如何将饮料洒到了她的衬衫和裙子上,让她感到多么冷,衣服也被弄脏了,现在粘乎乎地贴在身上。然后我对她说:'我很抱歉发生这样的事。我们显然不希望这样的事发生在顾客身上。我向您保证我会支付您的洗衣费用,这顿饭也给您免单。我们很感激您的光顾,实在不想看到发生这样的事情。'

"她的回答是:'啊,要是服务员不那么匆匆忙忙的话,也不会弄成这样。'

"'我非常乐意给您换一名服务员。'说完我就走开了。后来我确实给她们换了服务员,但是那位女士离开饭店的时候,依然在抱怨自己看起来有多糟糕,还说如果早知道会发生这样的事,她根本就不会到我们这儿来了。其他的顾客听到了她的话,这让我感到很尴尬,但是我真的不知道还能做些什么了。"

"让我来看一下你都说了哪种道歉语言吧。"我看着纸上列出的第一条说,"你肯定表达过歉意了,因为你说了'我很抱歉发生这样的事'。我不确定你或者那个服务员承认了过失,因为我没有听到你们哪一个说'我错了。这是我的错'。然而,你确实表达了弥补损失的意思,因为你提出支付她的洗衣费并免去她的餐费。不过我没有听到表示真诚悔改的话,即你没有提出保证不再发生这样事的承诺。你也没有请求她原谅你。所以,我想,你说了五种道歉语言中的两种。"

"显然,她的主要道歉语言应该在剩下的三种里面。"我接着说道,"若你说出了她的道歉语言,她可能就会接受你的道歉了,也许还会表示原谅呢!"

"你的观点很有意思。"他说,"我得考虑考虑。"

6个星期后,我又到这家饭店吃比萨。那位经理过来坐下,对我说:"我已经把道歉的五种语言教给我的员工了。下一次再出现问题的时候,我们就有备无患了。我们会把道歉的五种语言都说出来。"

"好啊。"我说,"那样的话,你们肯定会说出对方的主要道歉语言。我想你一定会看到对方的不同反应。"

比萨饼送货上门

这位经理接着说:"这个原则对婚姻也适用,对吗?"

"你为什么这么想呢?"我问。

"因为我发现我妻子的道歉语言是真诚悔改。她希望我向她保证我有一个不再发生这种事的计划。过去,我总是一个劲儿地说'对不起',但对她一直不怎么起作用。我跟她说了五种道歉语言后,她立即说:那就是你道歉的全部问题所在。你的道歉都是一句'对不起'就没了下文。"

"那你的道歉语言是什么呢?"我问。

"承认过错。我希望听到她说'我错了'。过去,她很少说那句话,这让我觉得她的道歉不真诚。"

"道歉的五种语言对所有人际关系都适用。我想你的生意和婚姻都会有很大的进步。你是想现在把咨询费交给我呢,还是希望我把账单给你寄过来呢?"我开玩笑地说。

谈话快结束的时候,我悄悄地补充说:"还有一件事,如果对员工发了脾气或者说了刻薄的话,别忘了向他们道歉。"

"您怎么知道这件事的?"他问。

我笑笑说:"我想大家都是凡夫俗子。"

"我现在正好需要向一个员工道歉呢。"他说。

"你知道她的道歉语言吗?"我问。

"不知道。"他说,"所以我会把五种语言都用上。"

LEARN①五步曲原则

在过去的两年里,我曾问过无数雇员这个问题:你们公司有回应愤怒顾客的相关政策吗?几乎毫无例外,答案都是"有"。有些公司的政策很含糊,但包含了倾听顾客投诉并对之做出积极回应。另一些公司的政策则很明确,并列出了具体的条款。

在"纠正错误"方面,明智的公司有一贯的、具体的措施供员工参照。最近我在达拉斯的一家宾馆住宿。我问年轻的前台经理:宾馆有应对愤怒顾客的规定吗?我向他说明我自己没有生气,只是在做一项这方面的研究。

他的回答很明确:"我们有 LEARN 五步曲原则。"然后他把这一原则清晰地说了出来。

L(Listen)= 倾听。倾听顾客的投诉。

E(Empathize)= 理解。让顾客知道你对他们生气的原因表示理解。

A(Apologize)= 道歉。

R(Response)= 回应。努力纠正错误。

N(Notify)= 告知。再次和顾客取得联系,让他们知道处理措施。

显然,这名员工接受过良好的道歉培训!

---

①LEARN 这个英文单词意思为"学习"。在这里,组成这个单词的五个字母被拆分开,分别成为其他单词的首字母。

医生的道歉

研究表明,近年来,许多行业的道歉意识在不断增强,医疗行业就是其中之一。过去,医生被奉若神明,他们做的决定很少有人质疑。今天,越来越多的医生懂得了在自己出现误诊、误判的时候应该向病人道歉。在某种程度上,医疗事故鉴定推动了这种道歉行动的发展。美国医学院 1999 年公布的报告中提到:"(医疗)失误每年夺走多达 98 000 名美国病人的生命。"

降低诉讼数量

密歇根大学卫生系统(University of Michigan Health System)的下属医院自 2002 年起就开始鼓励医生为失误作道歉。据负责组织这项行动的前任辩护律师里克·布斯曼的统计,自此之后,该系统的年度律师代理费从 300 万美元下降到 100 万美元,医疗事故诉讼及诉讼警告也从 2001 年的 262 件下降到 130 件。

病人对于这种道歉的回应非常积极。琳达·肯尼是三个孩子的母亲,7 年前,她险些因为手术前麻醉不当而丧命。"我丈夫想起诉,"她告诉记者说,"他真的想让当事人付出代价。"但是事发之后那个麻醉医师里克·范·佩特给她写了一封信,表达了他的悲伤与悔恨。他写道:"您可以在任何时间找我谈,我决不会推脱。这是我的家庭电话和寻呼机的号码。"

起初,琳达认为他只不过是想保护自己,但事实并非如此:"佩特是认真的。他专门来到我的家乡见我……对我毫不设防。他不但道了歉,而且还承认了这件事给他、他的家人及我造成的情感上的伤害。"

琳达·肯尼认为佩特的道歉是真诚的,所以后来没有起诉他。后来,佩特医师和她一起创建了一个组织,专门帮助遭遇误诊、误治或手术失误的病人处理后续事宜。

"他就是漠不关心"

科罗拉多州的外科医生迈克·伍兹曾指导一次阑尾切割手术。手术其间，一位医学院学生不小心刺破了患者的一根动脉。虽然阑尾被成功地切除，但是手术被复杂化了。病人对于伍兹在这次事件上的处理感到不满，于是以医疗事故为由对他提起了诉讼。伍兹采纳了他的律师推荐的传统做法——不对病人做出回应，不与病人进行交流。

在法庭上，当病人被问及为什么选择诉讼时，她说："我起诉是因为他表现得好像发生在我身上的事根本无关紧要一样。他就是漠不关心。"

这件事让伍兹认识到他没做真诚道歉是病人提出诉讼的主要原因。他说："她的话对我来说如同当头一棒。不是手术本身及其后果导致了出庭的痛苦经历，而是她认为我对此事漠不关心。把我送上法庭的是我的行为传递出来的冷漠，而不是手术中引起的并发症。"

在他透露内情的书《疗伤的话语：道歉在医学界的力量》中，伍兹医生补充说："一个早已被商界奉行的真理还有待医学界去发现和拥抱：道歉与金钱或者是非对错无关，对于买方（病人）还是卖方（医生）都是如此。道歉的关键是展现道歉者对病人的尊重、理解及使病人满意的承诺，是展现那些接受道歉的人的大度，是为了让他们看到道歉者也是人，也会犯错误，因此也值得被原谅。"

当医生选择为自己的错误道歉的时候，事情的结局都非常令人满意。正因为道歉的结果如此令人满意，一家保险公司已经表态，赞成投保的医生首先进行道歉。

向同事道歉的价值

虽然很多公司和行业都已经看到了向顾客和客户道歉的价值，但是我们发现几乎没有一家公司认识到培训自己的员工互相道歉的价值，也没有发现哪家公司在其培训项目中强调过员工之间应该如何进行有效的道歉。

作为成年人，很多人每天的大部分时间都花在工作单位里。北美洲实行每天 8 小时的工作制，但是很多人要在办公室待上 10 个小时，甚至更长时间。如果减去花在睡眠上的时间，你会发现与同事在一起的时间远比和家人在一起的时间多。

我们需要与同事建立关系。这种关系可能很平淡也可能很亲密，取决于我们的工作性质和我们的抉择。在一起工作可能会培养出彼此间的欣赏和鼓励，也有可能引起冒犯、生气或紧张，以至于伤害感情。人们大都喜欢在友好、互助、积极的环境中工作。然而，大多数人都会有和同事发生争执的时候。鉴于这种情况，懂得道歉的价值就尤为重要了。

随着人们对工作场所的道歉越发感兴趣，也认识到道歉说起来容易做起来难。大多数人不知道什么是道歉。"我道歉"、"对不起"、"对不起我伤害了你"、"很抱歉我所说的话伤害了你"——这些说法都被视为道歉。

一项伟大的职业创见

如果你是一个工作单位的主管或者经理，你可以让手下的员工分享彼此的主要道歉语言。这样所有人都能够知道如何更有效地向对方道歉了。这是一项多么伟大的职业创见啊！当那家比萨店的经理打算向一位员工道歉的时候，我就是这样告诉他的：以后找个时间让员工交流一下彼此的主要道歉语言。那天晚上，这位经理说了所有的五种道歉语言，所以他的道歉应该很成功。但是知道员工的道歉语言会使今后的道歉更有成效。

我们的建议是：雇主给员工讲解道歉的五种语言，然后帮助他们发现各自的主要道歉语言，最后，让他们把这一信息告诉给那些和自己打交道的其他员工。

很多同事没有意识到人们有不同的道歉语言，如果他们不说出同事的那种特定语言，同事就无法感觉到他们道歉的真诚。学习更有效地进行道歉会使我们与同事的关系更好，会营造一个更愉快、更舒适的工作环境。

一位前台接待员的道歉

最近，一位同事（我通常称呼她为玛丽博士）给我（詹妮弗）讲述了多年前在她的咨询公司工作的一位前台接待员的事。有时在客户打电话取消会面后，这位接待员会忘记在会见名单上划掉那位客户的名字。因此，玛丽博士会照常来到办公室，而客户却没有露面。

玛丽博士和接待员说："我有些担心这个人的情况。"接待员这才回答说："噢，我刚想起来，她上周打电话过来取消约见了，我忘了把她的名字划掉了。"

结果玛丽博士白白浪费掉一个小时。第一次发生这种事的时候，玛丽马上就接受了接待员的道歉，并没把这事放在心上。第二次的时候，接待员再次表示道歉。"对不起。"她说，"我真是忘了。"

玛丽博士想要表现得大度一些，再次原谅她。然而，那些原谅的话卡在她的嗓子里就是说不出来。结果她们之间的关系变得紧张起来。玛丽博士觉得接待员的道歉似乎不够完整，也不真诚，而且她也注意到接待员并没有做出真正的改变。

所以她对接待员说："我可不希望下周再发生这种事，这给我们俩都造成了不便，而且给我造成了损失。所以，我们可以谈谈吗？看看我可以做些什么来帮助你在客户取消约定的时候记得把他们的名字划掉并及时通知我。我想,这样我们一起工作会更愉快。"

接待员同意她的提议。经过一番讨论,决定接待员在办公桌上放一本工作记事本,首页的最上方写上"取消"的字样。一旦接到取消约见的电话,她就马上在记事本上记下客户的名字和本来要约见的咨询师的名字。在第二行,写上"已通知咨询师",并记录下她通知咨询师的确切日期和时间。

这个表示真诚悔改的计划让玛丽博士能够接受接待员的道歉,还能掌握自己的工作时间。由此可见,玛丽博士的主要道歉语言是真诚悔改。第一次,她愿意接受一句"对不起"这样的简单道歉,但是第二次她就做不到了。要是她没要求制定一个计划以保证今后事情有所改变,而接待员也没有遵守那个计划,她们的关系自然会疏远。

道歉意味着生意兴隆

詹妮弗的阐释肯定了建立健康关系的两个基本要素:第一,我们必须让同事知道我们希望在道歉里听到些什么。第二,冒犯者必须愿意说被冒犯者的道歉语言。这两点如果都做到位的话,我们就能在工作中营造出积极的情绪氛围。正是基于这个原因,我和詹妮弗都推荐员工读这本书,发现他们自己的主要道歉语言,然后在员工大会的时候告诉同事。我们相信这几个简单的步骤能为数以千计的员工创造出更有益、更健康的工作环境。

创造情绪乐观的工作环境可以提高员工的生产效率。因此,如果一家公司洞察到不但需要向顾客(客户)道歉,而且也需要教导员工彼此有效道歉,就更有可能成功实现其财政目标。最关键的是,学习道歉本身是桩好买卖。员工承受的压力和焦虑减少了,并且公司从生产力的提高中也得到了更大的利益。

道歉的五种语言
The Five Languages
of
Apology

第十四章
向自己道歉

道歉的五种语言

表达歉意——说"对不起！"

承认过错——说"我错了！"

弥补过失——拿出行动！

真诚悔改——说"我不会再那样了！"

请求饶恕——说"请原谅！"

乔丹正在我的办公室里哭泣——更确切地形容应该是呜咽。他今年 18 岁了，是我看着长大的，可我从来没见过他情绪这么不稳定。他一直都信心十足，学习成绩优异，是明星足球运动员，而且在教会的青年组织中表现得也很积极。简而言之，他是典型的美国模范青年。然而，在我的办公室里，那些似乎都无关紧要了。起初他因为想抑制住泪水，话语缓慢。

"我这次真的是搞砸了。"他说，"我把自己的全部生活弄得一团糟。我真希望死了算了。"这三句话使我意识到他的问题很严重。

"你愿意和我说说怎么回事吗？"我问。乔丹说话的时候眼睛一直盯着地板，却不看我。

"一切都是从去年开始的。"他说，"我在学校遇到了一个女孩。我知道自己本不应该和她约会的，可是她长得太好看了。于是我开始在放学后送她回家。我发现她爸爸 4 年前就跟他妈妈离婚了，而她妈妈到晚上 6 点左右才能下班回来。我们在一起学习和聊天。接着开始瞎闹，不久就做爱了。我知道那么做不对，但是我一直都很小心。可她还是怀孕了，上周她做了人工流产。"

乔丹浑身颤抖，泪如雨下，牛仔裤上滴满了泪水。足足停顿了一分钟，他才开口说话："我辜负了父母，辜负了上帝，辜负了自己，也辜负了她。我只求死了算了。"

乔丹虽然很年轻，但是很明智，知道自己需要帮助。接下来的一年，我和他定期见面。我陪他去向他的父母、那个女孩和女孩的母亲道歉；见证他向上帝哭诉，承认自己犯了罪并请求宽恕。在为期一年的咨询快要结束的时候（他现在上大学一年级了），乔丹对我说："我认为我还需要做一次道歉。"

"这话怎么讲呢？"

"我认为我需要向我自己道歉。"

"有意思。为什么这么说呢？"

"我总是责备我自己，"他说，"总是提醒自己做过的事，一想起来就非常难过。我想我从未原谅过自己。别人似乎都已经原谅我了，但是我却没有原谅自己。如果我向自己道歉的话，或许我可以原谅自己吧。"

"你说得完全正确。"我说，"我们一起研究一下这个道歉吧。你想要对自己说些什么呢？"

于是乔丹开始说，我开始记录："我想告诉自己：我做错了；我是说真的错了，错得很严重。我想告诉自己我对此感到多么难过，对自己的做法多么后悔。我想告诉自己我已经得到了教训，从现在开始到结婚之前我要保持性纯洁。我愿意给自己再次快乐生活的自由。我想请我原谅我自己，并帮助我在未来全力以赴地好好生活。"

我奋笔疾书，记录着乔丹的话。"等我一下。"我说。然后转向电脑，把乔丹的道歉输入进去，写上他的名字。我打印出一份交给了他，说："我想要你站在这面镜子前向自己道歉。"我注视着乔丹，听他读写给自己的道歉信：

> 乔丹，我想告诉你，我做错了；我是说真的错了，错得很严重。乔丹，我想告诉你我对此感到多么难过，对自己的做法多么后悔。我想告诉你我已经得到了教训，从现在开始到结婚之前我要保持性纯洁。我愿意给自己再次快乐生活的自由。而且，乔丹，我想请你原谅我，并帮助我在未来全力以赴地好好生活。

然后乔丹转过身来看着我。我说："继续，读出最后的一句话。"他就继续读："乔丹，因为我相信你的道歉是真诚的，所以我决定原谅你。"

当他再次转过身来时,泪水在他的脸上恣意地流淌。我们拥抱在一起。足足有一分钟的时间,我们沉浸在达成谅解的兴奋当中。乔丹继续读完了大学,现在已经结了婚,有了自己的家庭。在咨询过后的几年后, 他对我说:"我人生历程中最有意义的时候是我向自己道歉并原谅自己的那天。我想如果没有那天的经历,我是不会有今天的。"

作为一名咨询师, 我直接从乔丹那里领略了向自己道歉的巨大力量。

我们是谁——我们想成为什么样的人

为什么要向自己道歉呢? 总体来说,你向自己道歉的原因与向别人道歉的原因完全相同:你想要恢复关系。当你向别人道歉的时候,你希望可以消除两人之间的障碍,使你们的关系得以继续发展;当你向自己道歉的时候,你想要消除理想中的你与真实的你(现实中的你)之间的情绪失衡。这两者间的距离越大,内心情绪骚动的强度也就越大。只有消除两者之间的障碍, 我们才能做到"与自己相安无事"。向自己道歉以及继而体验到的原谅能够帮助你消除这种距离。

道德上的失败

有的时候, 人们的情绪焦虑是由于没能达到既定道德标准的缘故。乔丹正是如此。他承诺自己在婚前不发生性行为,也知道这不是所有青少年都能接受的道德标准。但是对他来说,这是一个精神层面的大问题。他相信这是上帝的标准,希望能够加以持守。当他故意违背了自己的内在道德标准的时候,内心就受到了焦虑和内疚的煎熬。他理想中的我与真实的自我之间的距离变得非常遥远。向别人道歉能够帮助他恢复与别人的关系,但只有在向自己道歉后,他才能够得到内心的平安。

　　道德失败表现在很多领域。尼尔 45 岁,有两个孩子。孩子很小的时候,他就教他们要说实话。诚实对他来说具有很高的道德价值,因此他想让自己的孩子也学习说实话。有一年, 在填写联邦纳税申报表的时候,他为了得到更多的税收减免而做了假账,"夸大了事实"。这件事在当时看起来没有什么严重的,但是在接下来的一周里,尼尔因为自己的行为被很强烈的疑惧所困扰。直到他改正了纳税申报表,向自己道歉并原谅了自己以后,他才重新获得了情绪上的平衡。

　　说谎、盗窃、欺骗及不道德的性行为都违背道德标准,导致一个人的焦虑和内疚。向他人道歉能使人际关系得以恢复,而自我道歉和自我原谅可以消除焦虑并恢复内心的平安。

"真不敢相信我做了那样的事"

　　当我们觉得自己的举止不端时, 对自我形象的认知就遭到了破坏, 即使这些不端行为与道德无关或者事情很小。我们原以为自己"更成熟",其实不是,于是很自责。

　　有位朋友埃伦对我说:"我简直无法相信自己是这么不成熟。我因为餐费的一点出入而大吵大闹,对服务员很刻薄,引得其他客人都看我。这几周以来,我总是会回想起那一幕。我以前觉得自己是个非常和蔼的人……但是现在我不那么肯定了。"

　　埃伦的自我价值感正受到严重的破坏。她理想中的我与真实的自我之间的差别带来了巨大的情感痛苦,所以埃伦需要向她自己道歉。

从焦虑到抑郁

　　如果一直对自己的过错念念不忘, 你会害怕这种状态造成的后果,这是需要向自己道歉的另一个原因。自从冒犯行为发生后,你一直生活在焦虑之中,担心自己会从此变得抑郁。这时,很多人求助于药物而不是去处理引起焦虑的事情本身。药物对那些长期处于抑郁当中的人或者患有临床抑郁症的人有极大的帮助。然而,如果人们学会向他人及自己道歉,很多抑郁是可以避免的。

战胜失败,走向未来

向自己道歉的另一个原因是它能够使你重新回到实现自己既定人生目标的道路上来。戴维斯是一个非常有抱负的商人,但是他对同城的另一个商人做出了不明智的回应。他对我说:"我感觉自己搬起石头砸了自己的脚。我已经向当事人道过歉了,认为他已经原谅了我。但是我担心此事会在未来长期影响我的生意。我现在发现自己很难摆脱这件事的阴影,而且缺少继续努力的动力。我甚至想过搬到另一个城市,重新开始。"这件事使戴维斯陷入了强烈的焦虑当中,同时也影响了他的生意。他需要向自己道歉,那样他就可以把注意力集中在将来而不是过去的失败上面。

当你想摆脱过往失败的烦恼时,解决办法不是"努力忘记过去"。你越是想忘记,就越是忘不掉。向被冒犯者道歉,然后向自己道歉并原谅自己,这才是解决失败的正确方法。

可惜,理想中的我与真实的自我之间的反差把很多人引向了酗酒或吸毒的深渊。而这种麻醉自己的努力于事无补。通常在酒精或毒品的影响下,人们会再次做出不明智的决定,从而导致焦虑感更加强烈。如果继续这种生活方式,可能会从此染上酒瘾或毒瘾。这种解决问题的模式本身就是有问题的,而且它还会引起一系列的新问题,而这些新问题迟早会使人产生更多的焦虑。

处理自我愤怒的方式

当我们没能实现理想中的自我时, 内心的感受与别人被我们冒犯了之后的感受相同:我们很生气。不过这种愤怒是针对自己的。忽略自我愤怒不能解决问题。我们需要以一种积极的方式来消化自我愤怒。

处理愤怒的错误方式：向外爆发和向内爆发

消化自我愤怒的两种消极方式是向外爆发和向内爆发。当我们在愤怒中向外爆发时，会给他人带来更深的伤害和愤怒，而这会破坏我们的婚姻及人际关系；而向内爆发，其实是在对自己发怒，会以在思想上严厉谴责自己的方式表现出来——"我真蠢"，"我真笨"，"我永远都无法做好"，"我一辈子都会一事无成"。这些都是愤怒向内爆发的表现。向内爆发的一种极端表现可能是在身体上虐待自己：割腕、撞头和拽头发都是自虐的表现。愤怒的向外爆发和向内爆发都不会使事情得到改善。

处理愤怒的正确方式：向自己道歉

向自己道歉的积极方式包含三个步骤：第一，向自己承认自己的行为是不明智的、错误的，害人害己。第二，向被冒犯者道歉并希望得到他们的原谅。第三，有意识地向自己道歉并原谅自己。

如何向自己道歉

向自己道歉需要自言自语。也许你曾听人说："自言自语是精神疾病的特征。"大错特错！精神上健康的人也常常自言自语——鼓励自己、质疑自己、给自己提建议。有些自言自语的声音很大，而大多数是不出声的、在头脑里进行的。向自己道歉时，我建议出声地自言自语。如果你知道自己的道歉语言，那么就重点说那种语言，但是同时要涵盖其他四种语言，这样可以使你得到更多的情感认同。

我给乔丹做咨询的时候，还没有发现道歉的五种语言。不过，现在回想起来,乔丹在自我道歉方面做得极好,他说出了所有五种道歉语言。我猜测乔丹的主要道歉语言是承认过错,因为他的自我道歉是这样开始的:"我做错了;我是说真的错了,错得很严重。……我对自己的做法是多么后悔。"据我发现,人们在道歉的时候,大多倾向于以自己的主要道歉语言作为开始。他们对别人说的话其实是自己被冒犯后最想听到的话。

所以,请以你的主要道歉语言开始自我道歉,然后再尽量把其他四种语言包括进去。

我们建议,先把自我道歉的内容写下来,然后再说给自己听。我们对乔丹的自我道歉稍作总结,写在下面。他的名字已经被去掉,你可以在空白处写上自己的名字。你可以调整这些话的顺序或者修饰措辞,以适合自己的需要。我们提供这个例子只是为了帮助你了解如何做自我道歉。

"_____,我想告诉你,我做错了;我是说真的错了,错得很严重。_____,我想告诉你我对此感到多么难过,对自己的做法是多么后悔。我想告诉你我已经得到了教训。_____,我愿意给自己再次快乐生活的自由。而且,_____,我想请你原谅我,并帮助我在未来全力以赴地好好生活。_____,因为我相信你的道歉是真诚的,所以我决定原谅你。"

现在写下你自己的自我道歉声明吧。写完后,建议你站在镜子前,正视着自己的眼睛,出声地向自己道歉。我们相信,在重获"内心平安"的过程中,向自己道歉是重要一步。

原谅自己意味着什么

原谅自己和原谅冒犯了你的人差不多。原谅别人意味着你选择不再因冒犯行为和冒犯者计较,你将重新接受他们回到你的生活中,并努力继续发展与他们的关系。他们的冒犯不再是隔在你们关系中间的障碍。如果把他们对你的冒犯看做一堵墙的话,那么原谅就是拆毁这堵墙。原谅使你们二人本着相互理解的想法重新开始交流和相互倾听。

原谅自己也是如此。说到底,自我道歉是一种选择。我们为自己的错误行为感到后悔,希望自己没犯那个错误。但现实是我们确实犯了。要是我们冒犯的是别人,我们已经向当事人道了歉。或许我们也请求上帝的宽恕,也向自己道了歉。那么现在是原谅我们自己的时候了。我们必须要选择这样做。向外爆发和向内爆发地谴责自己都是具有破坏性的,都不会带来积极的结果。选择原谅自己能够消除理想中的我与真实的自我之间的差距。在原谅自己的过程中,我们是在肯定自己的崇高理想,是在承认自己的失败,并重申要实现崇高理想的承诺。

我们建议你在撰写自我道歉声明的同时也撰写一份自我原谅声明。下面这个例子可能会给你一些启示。

　　　　"＿＿＿＿＿,你犯的错误给我带来了极大的困扰,给我造成很大的内心焦虑,但是你已经真诚道歉了,而且我很珍视你。所以,＿＿＿＿＿,我决定原谅你。我不会再和你计较此事。我会尽我所能使你的未来变得更美好。我会支持你,你可以相信这一点。让我再说一次:＿＿＿＿＿,我原谅你。"

写完原谅声明后,我们同样建议你站在镜子前,正视自己的眼睛,大声地对你自己说出你的原谅。

就像原谅他人一样，这种自我原谅也无法消除失败造成的所有痛苦记忆,它也不一定会消除失败造成的所有后果。例如,如果你说了谎或者偷了东西,你可能还是要面对这些行为的后果。原谅的真正意义在于,它能够使你摆脱失败的精神枷锁,并使你重获自由,全力以赴创造未来。

从失败中吸取教训

现在正是你改变自己人生轨迹的时候。有时人们会犯这样的错误:努力不去回想过去的失败。事实是,我们可以从过去的失败中吸取教训。试问你自己:哪些因素促成了你的错误行为? 答案就是你需要做出改变的地方。

例如,如果你堕入酗酒或吸毒的深渊当中,可能是因为你曾经滥用过酒精或毒品。那么今后,你必须禁止类似的事情再次发生。如果你有不道德的性行为,那么你必须远离那些可能诱惑你重新犯错的环境。

除了从过去的失败中吸取教训，现在也是采取积极措施收获更美好未来的时候。读书、听讲座、和朋友交流或者做咨询,这些措施能够让你获得新知识、新见解,从而指导你的未来方向。向自己道歉并且选择原谅自己的做法为你创造了一种可能: 使你拥有一个超出所求所想的美好未来。

道歉的五种语言
The Five Languages
of
Apology

第十五章
如果我们都学会了有效道歉，世界将会如何

道歉的五种语言

表达歉意——说"对不起！"

承认过错——说"我错了！"

弥补过失——拿出行动！

真诚悔改——说"我不会再那样了！"

请求饶恕——说"请原谅！"

我们的外孙女戴维·格雷斯 5 岁的时候，她父母允许她和我们一起生活一周。卡罗琳和我为此兴高采烈。那一周过得很愉快。但是有一件事让我们记忆犹新。卡罗琳有一个抽屉专门用来存放孙子们的"贴纸"。戴维·格雷斯当然知道有这么一个特别的抽屉，于是问外婆可不可以让她拿贴纸玩儿。卡罗琳说她可以任选自己喜欢的，但只准拿三个。

一两个小时之后，我们发现屋子里到处都是贴纸。原来戴维·格雷斯拿走了整张贴纸，贴得满屋子都是。卡罗琳对她说："我告诉你只能拿三个贴纸，但是你居然拿了一整张！"

外孙女站在那里不说话。"你没有听外婆的话。"卡罗琳继续说。

泪水从戴维·格雷斯脸上滑落下来，她说："我需要有个人来原谅我。"

我永远都不会忘记外孙女说的那些话，忘不了她小脸上的痛苦表情。我一把将她拥到怀里，自己的泪水和她的泪水交织在一起。我对她说："亲爱的，我们都需要有个人来原谅我们。外公很愿意原谅你，我保证外婆也一样。"卡罗琳也过来和我们拥抱在一起。于是我们和解了。

谁来原谅我

在写这本书的过程中，我曾多次回想起这一幕。我确信，人们有着对原谅的普遍需求。承认这种需求正是道歉的真谛。

道歉来自于这样一种认识，即自己的言行辜负了他人的信任或者冒犯了他人。如果忽视冒犯行为的存在，双方的关系就会破裂。冒犯者生活在内疚感或自鸣得意、自以为是之中，被冒犯者则生活在伤害、失望和(或)愤怒之中。双方都知道冒犯行为损害了彼此的关系。如果谁都不肯伸出和解的橄榄枝,这段关系的质量会继续下降。

几年前住在芝加哥的时候,我遇到过很多人,他们向我讲述了自己流落街头的经历。我发现他们的故事都有一个共同点:他们都有遭受不公正对待的经历(至少他们自己是这样认为的),而且从来没有人向他们道过歉。其中很多人承认自己也曾刻薄地对待过他人,但是自己也没道过歉。这样做的后果就是导致一连串的破裂关系。到最后,他们无处可以投靠,只能沦落街头。我常常会想,当初要是有人能够及时道歉并教会这些人道歉的话,事情可能又是另外一种结果。

近年来,无数美国公司的经理被起诉或被证明犯有欺诈罪。人们会想,如果这些经理们在职位攀升的过程中能够及时学会道歉,情况又会怎样呢?

很多政府公务员也开始犯罪。他们大多在被证明有罪之前都坚称自己无罪。即使道了歉,他们的措辞也常常是含糊不清的,通常表现得很自私。政府公务员和公共行政管理者不愿道歉,可能是由于他们担心道歉会被人利用来攻击自己。他们的逻辑是:保持沉默以保住我现在的位置,要比道歉但失去一切好。很多人一辈子都不明白一个道理,那就是生命中有些东西比权力和金钱更重要。埃尔伯特·爱因斯坦曾写道:"有些时候,真正重要的东西是无价的,而有价的东西往往不重要。"

打破道歉的陈规

普通人之所以不情愿道歉,是在个人成长过程中受外在文化的影响,并将之内化为自己的行为模式。因此,正如前文已讨论过的,有些人会立刻采用谴责模式,把自己的失败归咎于他人。有些人则面无表情地否认:从来没犯过任何错误。还有一些人会草草道歉,但毫无诚意，只不过为了快点儿了事而已。

然而，越来越多的人正在放慢步调，下功夫学习真心的道歉。这样的人才是真正的强者、真正的英雄；人们愿意和这样的人打交道，也信任这样的人。

如果道歉成为一种生活方式

道歉的艺术虽然不简单，但是人们可以学会，而且值得去学。道歉为情感和精神健康开辟了一片崭新的天地。道歉之后，我们便可以正视镜中的自我，便可以正视他人的眼睛，便可以轻松地面对人类的良知。那些真诚道歉的人最有可能会得到真正的原谅。

如果道歉成为一种生活方式，那么人与人之间就不会有隔阂，人际关系也会真实可信。当然我们会失败，但应该坦诚地对待这些失败。我们应该表达歉意、承认过错、弥补损失、真诚悔改，要谦卑地站立，说："我需要人的原谅。"我相信，如果我们学会了有效的道歉，在大多数情况下都会得到真心的宽恕。

当道歉成为一种生活方式的时候，人类关系会很健康。人们会得到所需要的接纳、支持与鼓励，借助于药物或酒精来逃避破裂的关系以及风餐露宿于城市街头的人也将会越来越少。

是的，戴维·格雷斯，我也需要有个人来原谅自己。从五岁顽童到八旬老者，我们都需要有个人来原谅我们。如果我们学会有效道歉，就可能得到别人的原谅。但愿这本书能使所有人都成为善于道歉的人，认识并克服不良的道歉方式，不再对自己的过错采取谴责、否认的态度，或者没有正视冒犯行为就草率道歉。

在这本书即将完成之际，真诚地邀请你和我们一起做如下的祷告："请赐给我戴维·格雷斯那样的态度吧。在做错事的时候勇于说出'我需要有个人来原谅我'。请你教会我如何有效地道歉吧！"

附录一

小组学习指南

    本书每一章均附有小组学习指南，旨在通过小组成员间的对话和相互鼓励使你的学习效果达到最佳。指南适合学习小组、工作同事、读书俱乐部使用，也适合与爱人或亲密朋友分享等。你会发现，与他人交流能够进一步促进你的个人成长。

    你可以根据自身情况来具体安排小组活动。有些人喜欢在午餐时抽出 30-40 分钟的时间小聚一下；有些人更喜欢在早晨或者晚上聚会，时间也宽裕一些，每次大约 60 分钟左右；还有些人可能更喜欢在周末聚会或者自学的时候使用这个指南。

    每章指南均以"入门"开篇来吸引你初步参与进去。"讨论题"部分旨在帮助大家共同讨论书中的具体内容。"思考题"部分是针对各章节提出了一些抛砖引玉的想法。"实际应用"部分为大家提供了很多学以致用的机会。

第一章　为何需要道歉

入门

列出几个你听过的最差的道歉。是什么原因导致这些道歉听起来如此荒谬呢？

讨论题

1. 本章指出："我们的内心呼求和解。"当受到冒犯时，你有什么感受？你的第一反应是什么？愤怒、受伤、沮丧还是其他？

2. 你如何看待"道歉的艺术可以学习"这一观点？当伤害了他人的时候，你觉得进行道歉很容易还是很困难呢？

3. 道歉的缺失促使我们寻求公正。结合你的个人经历，讲讲你对此的看法。

思考题

1. 回想你最近一次伤害他人并表达道歉的经历。在这一过程中，对方的态度发生了哪些改变？

2. 受我们道歉影响最大的人是那些我们最在乎的人。在生活中，你关于道歉的学习对谁的影响最大？

实际应用

1. 你向人表达的或收到的最糟糕的道歉有哪些？把这些道歉的缺陷列出来；在接下来的一周里把这张清单读 3 遍，并提醒自己在道歉时避免重蹈覆辙。

2. 列出几条冒犯他人后应该道歉的原因。不要只列出两三条,争取列出十条或更多。你列出的原因越多,你就越有可能认识到道歉对于你生活的重要性。

第二章　道歉语言之一：表达歉意

入门

罗伯特·福尔格姆在《生命中不可错过的智慧》一书中写到："伤害了别人的时候要说对不起。"你在幼儿园里还学过哪些和道歉有关的道理？请尽情和大家分享你小时候的经历。

讨论题

1. 大多数人接受道歉时希望听到什么？
2. 在卡蒂和罗伯特的案例中，卡蒂的肢体语言如何影响了罗伯特对其道歉真诚度的理解？
3. 道歉中的具体细节是如何体现道歉的真诚的？
4. 如果向对方道歉后马上又指责对方，道歉的效果会发生怎样的变化？

思考题

回想你最近一次向人说"对不起"的经历。当时的具体情形是怎样的？说声"对不起"让事情的结果发生了怎样的变化？

实际应用

1. 思考一下生活中你还需要向谁道歉。花几分钟的时间写一封诚挚的道歉信，并在信中具体描述一下你的冒犯行为。
2. 从下周开始写日志或者列清单，记下你向他人道歉或者他人向你道歉的例子。观察一下你体验到的道歉的力量,看看它给人们带来的改变。

第三章　道歉语言之二：承认过错

入门

列出几个你听到的最不合理的拒绝承认错误的借口。你觉得这些人很难承认自己的错误的原因是什么？

讨论题

1. 本章讲到，我们经常认为："承认自己的错误是弱者的表现。"你承认自己错误的时候有什么感受呢？

2. 在乔伊和瑞奇的故事中，两个人都觉得自己没有错。你是否遇到过这样的情形：你觉得自己没做错什么，但是对方却期待你道歉？你是怎么回应的？

3. 帕姆的故事表明，她受到的教育影响了她对道歉的认识。你小时候的经历对于你对他人的道歉的认识有什么影响？

思考题

1. 当别人在冒犯你之后对你说"对不起"的时候，你有何反应？你会有什么样的感觉？

2. 本章使用"赞成／不赞成"的方法来表达情感，你对此有何看法？你将如何把这一方法运用到你的实际生活里？

实际应用

1. 花些时间给你的父亲或母亲写一封虚构的信。你会对父亲或母亲说些什么？关于你自己的错误或者道歉，你会重点谈及哪些问题？有哪些他们对待你的方式造成的后果还有待解决？写完后，选出信中提到的一个问题，运用本章学到的知识尝试加以解决。

2. 留心你的自圆其说行为。下次伤害或冒犯了他人的时候要立即承认错误，把对方的反应记录下来并与小组成员分享。

第四章　道歉语言之三：弥补过失

入门

你对法庭判定用大笔金钱来赔偿损失有何看法？什么情况下你会觉得判定的赔偿金额过多？

讨论题

1. 本章指出，我们的内心深处有个声音在大声呼喊：让那些冒犯我们的人为他们的行为付出代价。你在生活中的哪些方面会发出这样的呼声？当你要求冒犯你的人为其行为"付出代价"的时候，你有什么感觉？

2. "我想要他做出适当的补偿。光是一句'对不起'是不能解决问题的。"这句话有多准确地体现了你在希望得到道歉时的反应？你会如何回应那个道歉者？

3. 说对方的爱的语言是补偿成功的关键所在。在五种主要爱语（肯定的言词、服务的行动、接受礼物、精心的时刻和身体的接触）当中，你认为哪种最重要？为什么？

思考题

1. 回想一次别人对你做出补偿的经历。你对此作何感想？你认为对方在做出补偿后有何感想？

2. 丈夫的话深深刺痛了马蒂，但是她依然记得，事后"他站在我身后，双手放在我的肩上说他做错了，而且他很抱歉。"他肯定的触摸起到了疗伤的作用。你是否也有类似的经历呢？别人如何回应你的爱的语言？请和大家分享你的故事。

实际应用

1. 你曾经当众侮辱过他人吗？如果答案是肯定的，那么找个方式
   当众表扬这个人，为恢复对方对你的尊重制造一个好机会。

2. 回顾一下本章最后关于赔偿的说法，选择两种说法并在本周
   将其应用到具体的人际关系中。

第五章 道歉语言之四：真诚悔改

入门

列出你观察到的男性和女性在道歉方面的不同表现。你认为造成这些不同的原因有哪些？

讨论题

1. 本章把悔改定义为"转向"或者"改变主意"。你还知道对悔改的其他定义吗？你对悔改涵盖了"我会努力不再做这样的事"这一概念怎么看？

2. 艾比认为丈夫是个很会道歉的人，因为他会努力不再犯同样的错误。为什么艾比认为这一点使丈夫的道歉很成功？

3. 我们从克雷格的故事中懂得："我们只有犯了道德错误时才需要做出改变的想法是不正确的。"在你的生活中有这样的例子吗？

思考题

1. "悔改之路上的第二步是做出改变的计划。"你生活中的哪个领域需要一个改变的计划呢？

2. 具体计划的重要性往往被忽略。做计划的时候请朋友参与进来通常是有帮助的，他们能够帮助你把精力集中在需要改变的具体领域。你的小组成员使用哪些方法来帮助和鼓励彼此实现既定的改变？

实际应用

1. 把你听说过或经历过的最好的五次道歉列出来。你能发现这些例子的共同点是什么吗？你又将如何把这些共同点应用到改进自己对他人的道歉中去呢？

2. 本周找机会向你冒犯的人道歉，并把"我会努力不再做这样的事"这句话融入你的道歉中去。观察这句话对事情的结果有什么样的影响，在下次小组会议上与大家分享这句话带来的改变。

第六章　道歉语言之五：请求饶恕

入门

你是否有过这样的经历：你认为自己已经为事情道过歉了，但是过后发现对方觉得你没有道过歉？鉴于这种情况，你又采取了哪些行动？

讨论题

1. 在马丁和安吉妮的故事中，马丁承认："我知道我错了……只是请求你原谅我太难了……我不知道为什么会这么难！"你认为马丁觉得很难道歉的原因是什么？为什么安吉妮认为马丁那么做很重要？

2. 根据本章的内容，人们请求原谅的原因有哪些？你认为这三个原因中哪个是最重要的？为什么？

3. 请求原谅非常具有挑战性的原因之一是当事人怕遭拒绝。对方的拒绝在多大程度上影响了你请求别人原谅的能力？

思考题

1. 为什么说道歉者在获得原谅之前必须保持耐心？

2. 请求他人原谅与要求他人原谅这两者之间有什么不同？

3. 为什么有些人难以开口请求原谅？为什么有些人难以原谅道歉者？

实际应用

1. 人们应该练习说请求我们原谅的冒犯者的主要爱语。假如你现在正处于这种情况下，根据冒犯者的主要爱语，你将会采取哪些行动向他（她）表现你的爱心呢？

2. 回顾本章结尾处请求原谅的说法。选择一种，在本周把它运用到你的一个重要关系中去。

第七章 发现你自己的道歉语言

入门

道歉的五种语言中的哪种对你来说最重要？想想你最亲密的朋友，你认为哪种道歉语言对他或她最重要？

讨论题

1. 詹妮弗认为夫妻二人的道歉语言通常不同。如果你已经结婚了，知道这一点能使你更加理解爱人的道歉语言吗？为什么？知道这一点可以起到什么积极作用？

2. 吉姆的父亲认为："道歉没什么用。只要尽力而为，不要回头看。"你父母的态度如何影响你对道歉的看法？

3. 回顾那些帮你发现你的主要道歉语言的问题，你认为哪个最重要？

思考题

1. 你曾向别人道歉，但没有使用对方的主要道歉语言吗？你道歉的力量是如何被削弱的？

2. 你自己最希望在道歉里听到什么？为什么？

实际应用

1. 利用发现别人的主要道歉语言的那些问题来判断一个你认识的人的道歉语言，然后和他或她分享道歉语言的概念，并确定你刚才的判断是否准确。

2. 如果你在家里，请使用本章给出的小组计划发现家人的道歉
　语言。做下记录并试着根据你的发现向他们做道歉。

第八章　道歉是一种选择

入门

你是否有拖延着不马上道歉的经历？你的这种做法对那段关系产生了什么影响？

讨论题

1. 迟迟不愿道歉带来了哪些问题？拖延道歉是怎么使情况变得更糟糕的？

2. 本章列出了一些人们选择不进行道歉的原因。那么，你最有可能出于哪种原因而拖延道歉呢？

3. 很多人随着时间的流逝渐渐形成了一种"迟钝的良知"，因此感觉不到自己的行为是错误的。你的生活中有过这样的经历吗？和你关系亲密的人呢？

思考题

1. 道歉如何能够帮助提升人的自尊？不道歉又是如何伤害人的自尊的？

2. 有些人把道歉看作一项非常大的挑战，正如卡尔在回顾母亲葬礼前和葬礼期间的行为时所感受到的。在这种情况下，哪些因素使人觉得道歉非常困难？

3. 有些人倾向于过度道歉。为什么会有这种情形？更好地理解道歉语言可以对此起到哪些作用？

实际应用

1. 或许和卡尔一样，你想要向某个人道歉但是已经没有机会了——由于对方的去世或是其他原因。试试另一种方法：把道歉写在纸上或日志里，自己消除你生活中的这一障碍。

2. 列出一些你用来为自己的错误行为辩护的理由，如"是他引起的"或者"要是她再多给我些时间的话……"等。找出你最常用的几种反应，然后写出替代这种反应的理想做法。当发现自己又使用旧的行为模式时，提醒自己采取理想的做法，逐渐培养选择原谅的习惯。

第九章　学会宽恕

入门

你发现在什么情况下原谅对方最难？为什么那种情况下是最难的？

讨论题

1. 为何说冒犯行为"犹如晴天霹雳"？事情的结果如何随着你反应的变化而变化？

2. 原谅被定义为"除去某人的罪过（失败）"，用自己的话说说你对原谅的理解。

3. 如果没有原谅的话，道歉的目的就无法实现。你觉得原谅别人有多困难？

思考题

1. 为什么轻易地原谅他人是危险的？这么做会带来哪些破坏性的结果？

2. 通常，原谅别人需要一些时间。你认为原谅别人所需的时间与重建信任所需的时间之间，有什么样的关系？

3. 即使已经原谅，冒犯行为的后果还是会存在。举一个你已经原谅了冒犯行为但依然能够感受得到冒犯所带来的痛苦的例子。为什么说即使已经原谅，情形还是令人痛苦？为什么又说这样会使结果更好？

实际应用

1. 回顾一下本章末尾的给予原谅的说法。至少选择一种并在本周把它应用到一个需要给予原谅的情景中去。

2. 从你的生活或最近读到的材料中选择一个阐释原谅的力量的故事。下周把它带到小组中来和大家一起分享，作为对给予原谅的一种鼓励。

第十章　向家人道歉

入门

小的时候你做过哪些有趣的事情？小时候的一些行为现在如何继续影响你？

讨论题

1. 在玛西亚的故事中，改变她与父母关系的最关键的因素是什么？
2. 假设自己是"墓碑之争"故事中的迈克尔。你认为哪部分做起来最困难？你的反应是否会有所不同？有什么不同呢？
3. 父母应当如何向成年的子女道歉？

思考题

1. 向别人道歉经常会影响对方也向你道歉，这是怎么回事呢？你能在自己的生活中找到这样的例子吗？
2. 写道歉声明如何能帮助解决情感问题？你是否有过这样的经历：要是当时写一份道歉声明的话，事情的结局会更好？

实际应用

1. 列出你的直系和旁系亲属的名单。在接下来的一个月里，每周与其中一个人取得联系并建立关系。如果你在这一过程中发现有任何以前遗留的问题，就立即使用你从本章学到的知识进行道歉和增进关系。

2. 利用上题中列出的清单认真研究每位家庭成员的主要道歉语
言。下周在和家人、同事及熟人说话的时候，在脑海中记下他
们的行为模式和视角，下次小组聚会的时候与小组成员分享。

第十一章　教孩子学习道歉

入门

如果你有孩子或者经常和别人的孩子打交道，说一说你最近见到的孩子做过的趣事(或傻事)，说过的趣话(或傻话)。

讨论题[*]

1. "也许我发现了成年人常常觉得道歉很难的另一个原因：小的时候没有人教他们这么做。"你在多大程度上赞同这种说法？你认为自己的孩子擅长道歉吗？

2. 回顾一下本章中教孩子学习道歉的 5 条原则，你认为其中哪条原则是最重要的？

3. 我们应该怎样帮助孩子更好地理解"当我帮助别人的时候，我的自我感觉很好；当我伤害别人的时候，我的自我感觉很糟糕"这一道理？

思考题[*]

1. 你家里都有哪些规矩？回顾一下本章中为孩子制定规则时应该问的一些问题。你家里还需要增加哪些新规矩？又有哪些规矩是需要取消的？

2. 为什么始终如一地执行给孩子制定的规矩这么困难？你可以做些什么来改善执行状况？

3. 你对跟孩子讲述自己道歉的故事有何评论？这样做可以给子

女带来哪些积极影响?

(*没有孩子的读者可以分享一下他们对其他家庭的观察。)

实际应用

1. 问问你的孩子,他在道歉的时候都怎么说? 然后问他别人道歉的时候都怎么说? 利用这些问题来帮助孩子明白人们的道歉方式不尽相同这个道理。

2. 与孩子一起看一部(或读一本)包含道歉的电影(或书),就故事问孩子一些问题,利用这个机会给孩子讲关于道歉的道理。

第十二章　向恋人道歉

入门

　　描述一下你记忆中最有意思的一次约会，是什么使那次约会那么有趣？

讨论题

1. 你对"约会是一种关系运动"这种说法有何评论？把约会看成运动这种比喻会在哪种层面上误导人们？

2. 回顾一下扎克和林赛的故事。在恋爱过程中，你什么时候会有"受够了"这种感觉？使用道歉语言是否会让这种情况有所改观？

3. 在查德和尼娜的故事中，对道歉语言缺乏了解如何伤害了他们俩之间的关系？

4. 婚前学习好如何道歉是怎样加固未来的婚后关系的？举出几个方面。如果你已经结婚了，回想一下你们恋爱的时候，这几个方面如何帮助或者伤害你们当时的关系？

思考题

1. 回顾一下"解除红色警报"部分里三对恋人的故事。哪对恋人的故事与你自己的经历最为相似？

2. "问题解决工"精神在哪些层面上给恋爱关系造成了伤害？又在哪些层面上对恋爱关系有益？

实际应用

1. 如果你是单身，列出你谈过的恋爱，并简单说明每次恋爱都是如何结束的，然后写下你学到的道歉知识可能给恋情带来的不同结局。

2. 如果你正在谈恋爱，下周找个时间和你的恋人分享一下你在本章中学到的道歉知识。如果可能的话，请对方和你一起像夫妻一样研读这本书。

第十三章　向顾客和同事道歉

入门

你在工作当中经历过的最尴尬的场面是什么？

讨论题 *

1. 本章的开头把作者到银行的愉快之行与到邮局的郁闷之行进行了对比。这两种情况的根本不同是什么？

2. 比萨店的老板告诉作者，顾客总是能得到 L.A.S.T. 的回应。他列出的"L.A.S.T."这四个方面可以对你的工作起到哪些积极作用？

3. 曾经有医疗人员向你道歉吗？发生了什么事？如果对方不道歉的话，事情的结局会有怎样的不同？

4. 你曾有过需要向同事道歉的时候吗？你的道歉如何使情况发生了转变？

思考题 *

1. 作为顾客，你曾经有过不愉快的经历吗？什么样的道歉对改变你的看法最有帮助？

2. 大多数上班族的大部分时间都是与同事在一起工作。对于改善工作单位的人际关系，你有哪些现实可行的想法？

（＊没有工作的读者可以与其他社交场合中的人分享自己的经历。）

实际应用

1. 如果可能,和你的同事分享一下道歉的五种语言这一概念。尽最大努力学习彼此的道歉语言,并在以后有机会的时候加以利用。

2. 在你的工作中,回应顾客意见的最理想的方法是什么?列出一个清单,把它放在你办公室中最显眼的位置随时提醒大家。

第十四章 向自己道歉

入门:

为什么有的时候原谅别人比原谅自己更容易呢? 结合自己的生活经历,说说你对此的看法。

讨论题

1. 在乔丹的故事中,跟自己道歉是如何帮助他向积极方向转变的?

2. 需要向自己道歉的原因都有哪些? 对你来说哪个最重要?

3. "当我们没能达到理想中的自我的时候,我们的内心感受与我们所冒犯之人的感受相同:我们很生气。"你生气之后的第一反应是什么? 是压制自己的愤怒,还是向自己和朋友发泄你的愤怒? 在这方面,什么样的改变会对你最有帮助?

思考题

1. 你如何评价自言自语地跟自己道歉? 你感觉那么做很自然,还是很别扭? 你的经历对你如何看待自言自语这一概念有哪些影响?

2. 回想一下最近你对自己感到生气的一次经历。你当时做出了什么样的反应? 你觉得自己还可以在哪些方面做出改变?

实际应用

1. 给自己写一份道歉信来处理那些未解决的个人问题。按乔丹故事中所讲的去做,站在镜子前把道歉信大声地读给自己听。

2. 写完道歉信后,标出你希望做出改变的方面。选择一二个你要
　　做的改变,然后和小组成员商量制定具体的行动计划。

附录二

道歉问卷

这个问卷旨在帮助你发现自己的道歉语言。认真阅读这 20 个假设的情景,如果这样的事情恰好发生在你的生活中,你最有可能做出什么样的反应?请在相应的选项上打勾(√)。在每一种情形中都要假定:你们之间持有一种互相尊重、互相体谅的态度对双方都最有利。换句话说,如果对方以某种方式破坏了一段对你来说非常重要的关系,他(她)应该如何为冒犯行为而向你道歉。同时,还要假设"冒犯者"已意识到了自己的冒犯行为,你已经明确地、直接地表示过自己受到了伤害。

在这 20 个情景中,下面列出的有些情景选项非常相似。不妥过分注意它们的相似之处,把主要精力集中在你选择的最有可能的第一反应上,然后继续做下一项。

1. **你的爱人忘了你们的结婚纪念日(如果你未婚,请假想自己处于这个情境中)。他(她)应该说:**

_____◇"不敢相信我竟然忘了。你和我们的婚姻对我来说真的很重要。我非常抱歉。"

_____○"我说什么也不该把这事忘了的。我当时想什么呢?"

_____△"我能做些什么来证明我对你的爱?"

_____□"我保证明年一定不会再忘了!我会在日历上把那天圈出来!"

_____☆"我知道你受到了伤害,可是你能原谅我吗?"

2. **你的妈妈明明知道你对某件事情的感受,可还是违背你的意愿去做了。她应该说:**

_____○"如果我当时好好想一下自己的做法,我就会意识到那样做是错误的了。"

_____△"我能做些什么来重新取得你的尊重呢?"

_____□"以后我不会再这样不在乎你的感受了。"

_____☆"请你再给我一次机会,好吗?"

_____◇"我明知道你的感受,但还是违背了你的意愿。我真希望自己没那么做。"

3. **你处于一场危机中并需要帮助,但你的朋友却无视你的需求。他(她)应该说:**

_____△"光说'对不起'似乎是不够的。我应该怎么说或者怎么做来弥补我们的友谊呢?"

_____□"我现在才意识到我当时本可以为你提供更多的帮助。以后你要是再有困难的话,我保证会全力以赴地帮助你。"

_____☆"我真心地感到抱歉,请你原谅我。"

_____◇"我本应该在那里支持你的。我让你失望了,对不起。"

_____○"我在你最需要我的时候让你失望了。我犯了一个非常严重的错误。"

4. **你的姐妹刻薄地评论了你。她应该说:**

_____□"我以后还可能会说错话,但我从这次事件中得到了教训,我以后不会再对你说刻薄、伤害你的话了。"

_____☆"我搞砸了。你能原谅我吗?"

_____◇"我那样说太欠考虑了。我真希望当时多考虑一下你的感受。"

_____○"我知道我那么说不对,我伤害了你的感情。"

_____△"请允许我收回我所说的话好吗?我愿意找个机会恢复你的名誉。"

5. **虽然你没犯什么明显的错误,但是你的爱人还是愤怒地指责了你。他(她)应该说:**

_____☆"我真的非常抱歉对你大喊大叫。我希望你能从内心里原谅我。"

_____◇"真希望我的大喊大叫没有伤害到你。我对于自己那样对待你感到非常难过。"

_____○"我当时很生气,但无论如何我也没有权利那么对你讲话。你不应该受到那样对待。"

_____△"我应该怎么说或怎么做才能解决我们之间的问题呢?"

_____□"我担心自己以后会再那么做,而我并不想那么做。帮我想个办法让我以后不再乱发脾气,好吗?"

6. 你为自己的成就感到自豪，但你的朋友却对此不屑一顾。他 (她) 应该说：

_____◇ "你想要和我一起分享你的兴奋，而我却给你泼了冷水。我真后悔自己的不恰当反应。"

_____○ "我破坏了你的兴致，我没有为你感到高兴。我虽然有些理由，但是没有任何借口可以让我无视你的成就。"

_____△ "我们现在庆祝你的成就会不会太晚了啊？我真想找个办法补偿你。"

_____□ "我保证将来我会留意并庆祝你的成就。这次我得到了一个很大的教训。"

_____☆ "我知道过去我让你失望了，但请你原谅我，好吗？"

7. 你的生意伙伴忘了就一件关系到双方利益的事情咨询你的意见。他 (她) 应该说：

_____○ "这次我真的搞砸了。我没和你商量就做了决定，我错了。你有理由对我生气。"

_____△ "我能做点什么来弥补我的过错？"

_____□ "以后无论什么事我都会和你商量，做决定的时候绝不会再忽视你了。"

_____☆ "你完全有理由生我的气，但是，请你原谅我，好吗？"

_____◇ "我知道我给你造成了很深的伤害。我为我的做法感到十分抱歉。"

8. 你的同事无心之中开了你的玩笑，并且让你在其他同事面前感到难堪。他 (她) 应该说：

_____△ "我能做些什么来修复我们的关系？你希望我在其他人面前向你公开道歉吗？"

_____□"我似乎很容易忽视别人的感受。但今后我希望更照
顾你和其他人的感受。你能帮助我实现这一点吗？"

_____☆"我不是故意伤害你的，现在我能做的只能是请求你
的原谅，并努力做到不再犯同样的错误。"

_____◇"让你那么尴尬，我真的感到非常抱歉。真希望时间
倒流，那样我会说些合适的话。"

_____○"我那么做太欠考虑了。我以为自己的话很幽默，但
显然，这是对你的伤害而绝非幽默。"

9. 你正在告诉朋友一件非常重要的事情，而他(她)表现出不感
兴趣。他(她)应该说：

_____□"这次我把事情搞砸了。但是我向你保证，以后当你
告诉我重要事情时，我一定聚精会神地倾听。"

_____☆"对不起，我当时没有听你说话。你可以不原谅我，但
我希望你能够原谅我。"

_____◇"你说话的时候我没有听，对此我真的感到很抱歉。
我清楚一个人有重要事情要分享时的感觉。我很后
悔当时没听你说。"

_____○"倾听是构成牢固关系的重要元素之一，但我又一次
忘记了。你需要我听你说话，而实际上我忽视了你的
需要。"

_____△"我们能重头再来一次吗？你说，我听着。我会聚精会
神的。"

10. 你的哥哥认识到是他犯了一个非常严重的错误造成你们俩
先前的冲突。他应该说：

_____☆"我道歉。请你原谅我，好吗？"

_____◇"在如何处理我们之间的分歧这一点上我对自己很
生气。我的行为有损于我们之间的关系，而且也吓
到了我自己。我对自己当时的表现感到后悔。"

_____○"我承认我错了。要是我当时就认识到这一点，会为
我们省去很多麻烦。"

_____△"我能做些什么来修复我们的关系吗？我觉得自己
应该说些什么或做些什么来重新赢得你的尊重。"

_____□"将来如果我们对某一问题有分歧的时候，我会在做
出判断之前全面收集事实根据。那样可能减少我们
之间一些不必要的争吵。"

11. 尽管你已经多次对爱人的某一习惯表示过反感，但是他 (她)
还是继续故意用这种行为来烦扰你。他 (她) 应该说：

_____◇"我这次做得太过分了。对不起，没有更多地体谅一下
你的愿望。如果我是你的话，我也会不开心的。"

_____○"好吧，我承认错误。我是故意烦你的，那样做既不
好玩对你也不公平。我应该表现得更成熟些才对。"

_____△"光说'对不起'是无法弥补我有意烦扰你这一事
实。我能做些什么才能让你觉得好受些呢？"

_____□"我已经养成了忽视你愿望的习惯，以后我不想再那
样了。从现在开始，我会加倍努力做到以你的愿望
为优先考量。"

_____☆"我当时在考验你的耐性，现在我请求你原谅我。今
后我会尊重你的愿望，你能给我一次重新开始的机
会吗？"

12. **你和父亲未就某事达成一致，于是父亲故意"不搭理"你，令你感到内疚。他应该说：**

_____ ○ "我感到很内疚，这点毋庸置疑。我本应该更诚实、更公正地处理这件事情的。"

_____ △ "我希望能做些什么来补偿你，我希望你能继续和我说话。我可以带你出去吃饭吗？"

_____ □ "今后，我会更诚实地说出自己的感受，再也不会让你因为不同意我的想法而感到内疚了。"

_____ ☆ "虽然我真的十分希望你能原谅我，但是否原谅决定权在你。"

_____ ◇ "你是个成年人，我对于控制你如何做决定这件事真的感到很抱歉。我不想冒破坏我们之间关系的风险。"

13. **一个生意伙伴没能信守承诺，这使你错过了一个重要的最后期限。他（她）应该说：**

_____ □ "现在做什么都已经晚了，但我非常想在今后避免这类错误。让我们来讨论一下我今后应该怎么做才能使自己信守承诺吧。"

_____ ☆ "考虑到我所造成的这些麻烦，我不指望你能够原谅我。但如果你能够原谅我的话，我会十分感激。"

_____ ◇ "对不起。我本来承诺我这次会做到的，但我不但辜负了你的信任，而且使你错过了最后期限。我知道这件事危害到了你的工作和我们的伙伴关系。"

_____ ○ "我这次真的搞砸了，让你因为我的缘故错过了最后期限。"

_____ △ "事已至此，我不知道自己能做点什么。但是我能做些什么来弥补你错过最后期限的损失吗？"

14. 你的邻居让你在音乐厅门外等他（她）一起听音乐会，但是他（她）却没来。邻居应该说：

_____ ☆ "我们的友谊真的很重要，我希望你不要就此放弃我。请你原谅我这次的爽约，好吗？"

_____ ◇ "对不起，让你一直在那儿等我。你对我来说非常重要，我说我会去，就应该去，这样才是对你和你的时间的尊重。"

_____ ○ "你一直在那儿等我，盼望我随时出现，而我让你失望了。如果我能重新安排我的时间，我一定会赴约的。这件事完全是我不好。"

_____ △ "让我们去听别的音乐会吧。这次你的门票由我来出，就算是对上次爽约的道歉吧！"

_____ □ "今后我会好好安排我的时间，分清事情的轻重缓急，这样我就可以更好地经营我们的友谊。"

15. 朋友的孩子在你们家玩儿的时候打碎了一件你的宝贝。朋友应该说：

_____ ◇ "我知道这是你最珍惜的东西之一，我对发生这样的事情感到很抱歉。"

_____ ○ "我本应该好好看住我的孩子，没留意他的举动是我不对。要是我当时更细心些的话，这样的事情就不会发生了。"

_____ △ "我可以赔偿你这件东西吗？或者我能为你再买一件一样的吗？我应该怎么赔偿你呢？。"

_____ □ "我保证日后会认真保护你的物品。下次再来你家，我会禁止孩子在'禁区'附近玩耍。"

_____ ☆ "你有理由生气。尽管你很失望，我还是希望你能够原谅我并继续做我的朋友。"

16. 一位同事因为一个项目的失败而责备你，让你负全部责任，尽管他(她)也应该为此负责任。他(她)应该说：

_____△ "无论是什么理由，我都不应该那么做。能让我感觉稍微好一点儿的唯一办法是把事情纠正过来。你需要我怎么说或者怎么做呢？"

_____□ "今后，我将学习如何公正地对待我的同事。我希望这次经历能帮助我成长。"

_____☆ "请原谅！我指责你是不对的，我恳请你原谅我。"

_____◇ "真不敢相信我竟然那样指责你。我真为自己的行为感到羞愧，对不起。"

_____○ "这次项目的失败，我和你还有大家一样都有责任。我本应该承担我的过失。"

17. 尽管你的同事承诺保守你的秘密，但还是辜负了你的信任，把你的秘密告诉办公室里的其他人了。他(她)应该说：

_____○ "我向你承诺我会为你保守秘密，而我没能遵守诺言，并且辜负了你对我的信任。我犯了一个严重的错误。"

_____△ "请告诉我，我该怎么做才能让你重新信任我呢。"

_____□ "你可能会过一阵子才能再次信任我，但从现在开始我会努力向你证明我是值得信任的。"

_____☆ "你不必马上回答，但请你考虑原谅我这次犯下的错误，好吗？"

_____◇ "我当时没想到说出你的秘密会给你造成伤害。我没能认真地信守我对你的承诺，对此我真的非常抱歉。"

18. 你的同事在其他同事面前说了你的坏话。他(她)应该说:

_____△ "我愿意做任何事来纠正我的错误。我需要在大家面前向你道歉吗?"

_____□ "如果我再对你有什么看法,保证不会到处乱说;相反,我会直接来找你,坦率地说出我的想法。"

_____☆ "你可能无法原谅我,至少现在是这样。但是我希望有一天你能够原谅我。"

_____◇ "我说的话很不友善、很无情。我后悔自己说了那番话,希望能收回那些话。"

_____○ "我当时的心态不对,根本就没去想你的种种优点。我本应该好好考虑一下再说的。"

19. 尽管你有一些积极的贡献,但你的上司单单挑你的缺点批评你。他(她)应该说:

_____□ "你的努力工作应该得到肯定。我以后会更加公正地看待这一问题。"

_____☆ "我希望这件事没有破坏我们的关系。请你接受我的道歉,好吗?"

_____◇ "我很抱歉只是批评你表现不佳的微小一面,很后悔自己没有好好鼓励你。"

_____○ "我忽视了你的成就,这可能会让你觉得自己的工作一无是处。作为你的上司,我本应该更多地表扬你在工作中的成就。"

_____△ "我怎么做你才能原谅我呢?要我把你表现突出的地方写下来吗?"

20. 在外用餐的时候,服务生把食物掉到你身上,弄脏了你的衬衫。他(她)应该说:

_____ ☆"请您原谅我的粗心,好吗?"

_____ ◇ "我很抱歉弄脏了您的衬衫并给您带来了不便,我真的感到很抱歉。"

_____ ○"我一般都挺小心的,但这次我真是粗心了。这件事我负全部责任。"

_____ △ "我愿意付您清洗衬衫的费用,或者出钱为您买件新衬衫。您觉得我怎么做最合适呢?"

_____ □"这件事让我受到了很大的教训。请您相信,今后在服务顾客的时候我会更加小心谨慎的。"

记录并解读你的分数

回到问卷开头,数一数你在各个图形前面打√的次数。然后,把总数分别填在下边相应的横线上。例如,如果你在 □ 上打了 8 次√,就在下面 □上方的横线上填上数字"8"。

_____　_____　_____　_____　_____
　◇　　　○　　　△　　　□　　　☆

你可能已经猜到了,每一种图形都代表一种道歉语言。◇ = 表达歉意,○ = 承担责任,△ = 进行赔偿,□ = 真心悔改,☆ = 请求原谅。在回答这 20 道情景问题的过程中,你选择最多的那个图形代表的就是你的主要道歉语言。

显然，每一种语言可能得到的最高分数均为 20 分。如果你在两种或两种以上的语言上得分相同，那么表明你对这几种道歉语言的接受能力相同。

附录三

道歉感言

- 道歉是醉人的香水，它能把最难堪的记忆变为最珍贵的礼物。

——玛格丽特·李·朗贝克 (Margaret Lee Runbeck)

- 宽恕，不能改变过去，但能拓宽未来。

——保罗·波希 （Paul Boese）

- 真心、及时的道歉，需要强大的人格力量。

——斯蒂芬·科维 (Stephen Covey)

- 若要悔改，越早越好；犹豫之时，许已迟矣。

——托马斯·富勒 （Thomas Fuller）

- 原谅是一种意志行为，无论心情如何，这种意志都能发挥作用。

——彭柯丽 （Corrie Ten Boom）

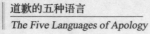

- 人人都必须承担自身选择的后果，无论是过去还是将来。

　　　　　——阿尔弗雷德·蒙塔佩特（Alfred A. Montapert）

- 道歉是生活的万能胶，它可以修复世界。

　　　　　——林恩·约翰斯顿（Lynn Johnston）

- 我们这一代人的最伟大发现是：人类可以通过道歉的态度来改变人生。

　　　　　——威廉·詹姆斯（William James）